Ludwig Hesse

Bin ich schuld?

T V Z

Ludwig Hesse

Bin ich schuld?

Glaube in Krisenzeiten. 25 Texte
Mit Bildern von Edeltraud Abel

EDITION **N Z N**
BEI **T V Z**

Theologischer Verlag Zürich

Alle Bilder im Buch stammen von der Künstlerin Edeltraud Abel.

Gedruckt mit freundlicher Unterstützung von Oskar Birchmeier,
Gebenstorf/AG, Nachlassverwaltung von Edeltraud Abel

Bibliografische Informationen der Deutschen Nationalbibliothek
Die Deutsche Nationalbibliothek verzeichnet diese Publikation in der
Deutschen Nationalbibliografie; detaillierte bibliografische Daten sind
im Internet über http://dnb.dnb.de abrufbar.

Umschlaggestaltung
Mario Moths, Marl
unter Verwendung des Bildes «Ich höre das Licht» von Edeltraud Abel

Satz und Layout:
Mario Moths, Marl

Druck
Rosch Buch GmbH, Schesslitz

ISBN 978-3-290-20133-3
© 2016 Theologischer Verlag Zürich
www.tvz-verlag.ch

INHALT

PROLOG

Es war im Oktober 2014, als mir Ludwig Hesse mitteilte, es sei nun Zeit, sich als Autor zurückzuziehen. Er hatte zu jenem Zeitpunkt 48 Beiträge im Sechswochentakt für die Beratungsrubrik «Seelsorge» verfasst, die in den christlichen Wochenzeitschriften «Sonntag» und «Doppelpunkt» erschienen. Ich war damals seit wenigen Monaten Redaktionsleiter der beiden Zeitschriften. Sein Entscheid traf mich persönlich, weil ich seine Beratungstexte sehr schätzte: «Gibt es eine Chance, dass Sie Ihren Entscheid überdenken? Kann ich etwas tun, dass Sie sich wieder motiviert fühlen?», fragte ich ihn in einem E-Mail. «Und, lieber Herr Hesse, 48 ist keine gute Zahl zum Aufhören», fügte ich am Schluss dem Schreiben bei.

Es war wohl tatsächlich die Zahl, durch die sich Ludwig Hesse umstimmen liess. So verfasste er für die Rubrik noch einige weitere Beiträge und liess die Zahl fünfzig schwungvoll hinter sich. In seinem letzten Text, der sich auch in dieser Sammlung findet, schrieb er dann über das Loslassen und führte gleich vor, auf welche Weise er selbst loslässt. Darin liegt die Qualität von Hesses Texten. Einer meiner Redaktionskollegen umschreibt sie so: «Ludwig Hesse steht mit seiner Existenz fürs Geschriebene ein.»

Als Spitalseelsorger hat er viel gesehen, viel gehört und dabei die menschliche Seele auf unterschiedlichste Weise gespürt, ihre Schwächen, ihre Abgründe, die Verzweiflung, die Hoffnung. Dabei hat er sich in seiner Zuwendung und Anteilnahme von den Schattenseiten des Lebens berühren lassen. In seinen Texten stehen immer die persönlichen Erfahrungen aus der Begegnung im Vordergrund und nicht die theologischen Gedanken. Das berührt, löst Betroffenheit aus und vermittelt – darin liegt die Kostbarkeit seiner Beiträge – Beistand.

Das sind Gründe genug, um die im «Sonntag» und «Doppelpunkt» erschienenen Texte mit Ergänzungen in Buchform herauszugeben. Die Lektüre der 25 Beiträge hilft den Lesern, den eigenen Seelenzustand zu relativieren, seien es Ängste oder Schuldgefühle. Schuldgefühle, das grosse Thema Ludwig Hesses, schwingen nämlich in unserem Leben oft auf irgendeine Weise mit. Wenn das Schicksal zuschlägt, wird ein Schuldiger gesucht, bewusst oder unbewusst – sei es für den Tod der Partnerin nach einer missratenen Operation, für den Autounfall der Tochter, den Tod des Ehemanns bei einer Bergwanderung oder für die finanzielle Schieflage der Familie. Stets wird auch nach dem eigenen Anteil gebohrt: «Hätte ich doch nur nicht auf diese Wanderung gedrängt» oder «Wenn ich meine Tochter nicht angerufen hätte, würde sie jetzt noch leben». Für belastende Schuldgefühle gibt es keine Grenzen.

Wie soll man damit umgehen? Ludwig Hesse bietet keine Rezepte und theologischen Bekenntnissätze, sondern Erfahrungen im Umgang mit solchen Notsituationen. Gerade das verbreitet viel Zuversicht. Wahrscheinlich liegt der Grund dafür darin, dass sich der Glaube nur in der Begegnung mit den Mitmenschen konkretisiert, in der Zuwendung und der Anteilnahme. Und dann stellt sich etwas ein ...

Anton Ladner, Redaktionsleiter «Sonntag» und «Doppelpunkt»

EINLEITUNG

Niemand will schuld sein. Aber Tatsache ist: Die Welt, mein Leben, mein Handeln ist vielfach nicht in Ordnung trotz aller Bemühungen meinerseits. Wer ist schuld? Das führt zum berühmten Schwarzer-Peter-Spiel, bei dem die Schuld anderen in die Schuhe geschoben wird. So ist es heute, so war es immer. Ich erinnere an die biblische Urgeschichte über Schuld, den Genuss der verbotenen Frucht im Paradies. Adam sagt, die Frau habe sie ihm zu essen gegeben, also sei die schuld, Eva sagt, die Schlange habe sie verführt. Am Ende bleibt die Schuldfrage offen, es sei denn, man fragt auch die Schlange, die dann antwortet: Gott hat mich so geschaffen!

Die Frage nach der Schuld endet bei Gott. Sie endet immer bei Gott, dem unhinterfragbaren Ende der Kette, in die hinein sich jeder Mensch verwoben sieht. Jedes Kettenglied hat dabei natürlich zwei Enden. Bevor wir von Freiheit und Verantwortung reden können, sind wir längst als Opfer betroffen. Unausweichlich treten wir in der Folge auch als Täter in Erscheinung. Das spricht nicht gegen das sittliche Bemühen, gegen therapeutische Arbeit oder gegen die Bekämpfung von Unrecht. Aber es erfordert die notwendige Bescheidenheit. Machbar ist der perfekte Mensch niemals. Auch wenn keine logisch eindeutige und damit vorhersehbare Verknüpfung von erlittenem und verursachtem Unrecht besteht, entgeht kein Mensch dem

Geschlagenwerden, dem Ungeliebtsein, der Ungerechtigkeit. In der Folge wird jeder wiederum schuldig, trotz bestem Willen.

Jeder? Der christliche Glaube lässt nicht nur zu, dass die Frage nach dem Schuldigwerden bei Gott endet. Auch die Frage nach der Bewältigung dieser Schuldverwobenheit, nach Selbstannahme und Erlösung kommt nicht ohne Gott aus. Der Glaube weiss: Einer war nicht schuld und wurde nicht schuldig, nicht aus eigener Anstrengung, sondern weil Gott ihn dafür auserwählt hat: Jesus von Nazaret. Wie die Kette der Schuld zurück in die Finsternis Gottes führt, so beginnt das Licht der Vergebung in der gleichen nicht durchschaubaren Dunkelheit. Wir nennen es Gnade.

Das vorliegende Büchlein liefert keine Erklärungen. Es erzählt aber Geschichten von Menschen, die in ihren Lebenskrisen den Weg zur Gnade gesucht haben, manche haben ihn auch gefunden. Meine Theologie bildet darin den Hintergrund des Nachdenkens, nicht aber ein System oder eine Lehre. Vielmehr steht stets der Mensch mit seiner Not im Vordergrund. Er selbst muss suchen, Seelsorge kann ihm ermutigen und begleiten, kann Hinweise geben, in welcher Richtung oder auf welchem Weg der Lösung näher zu kommen sei.

Seelsorge ist angewandte Theologie. Sie ist keine Belehrung, kein psychologischer Ratgeber und erst recht kein Schulterklopfen. Seelsorge muss stets theologisch verantwortet werden. Hält meine Theologie, was sie verspricht? Oder bleibt sie Theorie? Gute Theologie erweist ihren Wert in der Anwendung, in der Konfrontation mit suchenden Menschen. Die Kirche nennt dieses Kriterium die Option für die Armen. In meinem Umfeld sind die kranken Menschen die Armen, vor denen meine Verkündigung standhalten muss. Nicht auf dem Katheder wird über die Qualität von Theologie entschieden, sondern in der Konfrontation mit Menschen in Krisen.

Wer ist schuld? Bin ich schuld? Diese Frage ist auch Jesus ständig begegnet. Zwar lebte er weitgehend im pharisäischen Umfeld, wo eher von Sünde die Rede war, also vom Regelverstoss, der vom grossen Richter geahndet wird: «Wer hat gesündigt? Er selbst? Oder haben seine Eltern gesündigt?» (Joh 9,2) Diese Optik ist wohl allen vor den 60er Jahren des letzten Jahrhunderts Erzogenen nicht ganz unbekannt. Jesus erteilt solcher simplen Ursachensuche eine klare Absage: Alle haben gesündigt, aber sie sind damit nicht schuld an der Blindheit dieses Menschen. Jesus unterbricht die Suche nach dem Schuldigen. Er erteilt dem Blick in die Vergangenheit eine Absage und lenkt die Aufmerksamkeit in die Zukunft: Hier besteht die Möglichkeit, dass Gottes Herrlichkeit sichtbar wird.

Ich habe mit vielen Angehörigen über ihre Schuldgefühle gesprochen und mit noch mehr Versehrten über den Sinn ihres Gebrechens. Vielleicht blinkt Gottes Herrlichkeit auch in der einen der anderen Geschichte auf, die ich erzähle. In der seelsorgerlichen Praxis gibt es solche beglückenden Momente, aber sie sind nicht absichtsvoll herzustellen. Sie bleiben Funken der Gnade. Aber wo sie aufleuchten, beglücken sie Ratsuchende wie Begleiter. Seelsorge hilft leben – Seelsorge hilft glauben.

Die hier zusammengestellten Geschichten sind alle wahr. Aber sie sind so verändert, dass keine Rückschlüsse auf konkrete Personen gezogen werden können. Sollte sich trotzdem jemand in einer Geschichte wiedererkennen, dann vielleicht deshalb, weil die ausgewählten Seelsorgesituationen in mancher Hinsicht typisch sind und nicht nur einen bestimmten Menschen betreffen. Ich betreibe keine Indiskretion für Neugierige und biete keine Schlüssellöcher an, durch die intime Szenen beobachtet werden können. Wer durch die Geschichten hindurchblickt, kann vielfach sich selbst entdecken. Sie betreffen immer auch die Lesenden und fragen nach der Auswirkung für sein oder ihr Leben. Die Praxis der Seelsorge ist nicht beendet mit dem Aufschreiben, sie beginnt gerade erst neu mit dem Lesen.

Denn Religion ist immer eine Sache des Lebens, davon bin ich überzeugt. Und oft ist sie eine Frage der Sprache, das ist mir in den vielen Begegnungen der Seelsorge klar geworden. Ich hoffe, dass ich Sie mit meiner Sprache erreichen kann und Sie mit den Texten ein Stück Weg begleiten. Ich danke Ihnen für die achtsame Lektüre und wünsche Ihnen Gottes Segen.

Januar 2016   *Ludwig Hesse*

SICH SELBST ANNEHMEN

Gott ist nicht der, der das Drehbuch schreibt. Gott ist vielmehr der Grund, der uns trägt. Dann, wenn wir stolz sind, und dann, wenn wir uns hilflos fühlen.

Edeltraud Abel, «Spiegel, Maske und ich»

WER BIN ICH UND WARUM?

Die Frage nach der persönlichen Herkunft, nach der eigenen, ganz persönlichen Existenz, stellt sich jeder Mensch im Lauf der Geschichte seines geistigen Erwachens: «Warum gibt es mich, und wie bin ich entstanden?» Diese Frage hat einen direkten Zusammenhang mit der Grundfrage: «Wer bin ich?»

Geburts- und Taufgeschichten geben Antwort auf die Frage nach den Umständen, unter denen ein Mensch diese Welt betreten hat. Zugleich enthalten sie Hinweise auf den Stern, unter dem ein Mensch geboren wurde. «Dies war kein guter Stern», sagen wir, wenn ein Leben in schwierigen Verhältnissen beginnt. Die esoterische Fragestellung lautet vielleicht: Warum habe ich mir diese Eltern zu dieser Zeit ausgesucht? Warum bin ich als weibliches oder männliches Kind, so oder anders behindert oder begabt, in dieser Kultur zur Welt gekommen? Was soll, was will, was muss ich lernen? «Sein/ihr Leben stand unter einem guten Stern» heisst es wohl, wenn etwas sichtbar Ordentliches oder Grosses aus einem kleinen Anfang entstanden ist.

Hinter vielen Menschen, die eine gute Ausstrahlung haben, stehen starke Mütter. Die Liebe der Mutter und ein Erwünschtsein, eine Bejahung ohne jede Ambivalenz, stehen oft hinter ererbter oder erworbener Persönlichkeitsstärke. Eine solche Herkunft möchte man jedem wünschen. Es scheint Zusammenhänge zwischen Herkunft und psychosozialer Ausstattung zu geben, im positiven Sinn (Gabe ist Aufgabe), aber auch als Hypothek (das Erbe, das zum Beispiel ein Kind einer alkoholkranken Mutter zu tragen hat).

Herkunft: ein Angebot

Zugleich aber lassen sich leicht Gegengeschichten finden, die beweisen, dass alle Herkunft nur ein Angebot, vielleicht eine gewisse Begrenzung der Möglichkeiten, niemals aber ein Programm darstellt, dem nicht zu entkommen ist. Dem Anfang kann der Mensch im Lauf seines Lebens unterschiedliche Bedeutung geben. Das mit wenig Liebe auf dieser Welt begrüsste Kind kann haltlos abstürzen, kann aber auch Pädagogin werden, sozial engagiert für Benachteiligte. Und die Möglichkeiten, die eine Herkunft aus Liebe bietet, können ungenutzt verstreichen.

Dennoch haben für mich die erinnerten Geburtsgeschichten der Menschen grosse Anziehungskraft. Natürlich gehen diese Erinnerungen zumeist auf die Erzählungen der Eltern zurück. «Mutter und Vater, wie war das, als ich zur Welt kam?» Was Eltern ihren Kindern erzählen, begleitet diese als eine Art Mythos durchs Leben. Und ein Mensch, der nicht weiss, woher und wie er ins Leben gekommen ist, trägt zeitlebens schwer an dieser unbeantworteten Frage. Für viele Flüchtlingskinder, Strassenkinder und manche Adoptionskinder bleibt die Suche nach dem Anfang bis zum Ende bedrängend. Oder sind wir vielleicht alle immer wieder diesem Mythos der eigenen Herkunft auf der Spur? Zu Recht sind wir dabei stets ein wenig misstrauisch, ob nicht manche Geschichte, die uns die Verwandtschaft vererbt hat, geschönt, retuschiert und übermalt ist, damit gewisse Ungereimtheiten in Vergessenheit geraten.

Mängel kompensieren: Chance fürs Leben

Man muss nicht das Ergebnis einer Vergewaltigung sein, um an der eigenen Herkunft zu leiden. Oft gilt es, einen unguten Anfang zu kompensieren. Die Dame mit Jahrgang 1945 spricht immer noch Hochdeutsch, obwohl sie seit über vierzig Jahren in der Schweiz lebt. Das lässt die Frage nach der Herkunft in jeder neuen Begegnung wieder Thema werden. Ja, sie sei auf der Flucht aus Ostpreussen geboren. Der Vater sei Angestellter der Deutschen Reichsbahn gewesen, und in einem der letzten, völlig überfüllten Züge nach Westen hätten er und seine hochschwangere Frau noch Platz bekommen. In diesem Zug sei sie geboren worden, unterwegs also. In Schwerin habe man aussteigen müssen, eine Mitreisende habe dort Verwandte gehabt, die der jungen Familie Obdach angeboten hätten. Die Mutter sei allerdings an den Folgen der Flucht und der Geburt gestorben. So habe sie ihre ersten Lebensjahre bei der Gastfamilie in Schwerin verbracht, während der Vater weitergezogen sei. Sie könne sich noch gut an die Ersatzeltern dieser frühen Jahre erinnern. Als sie vierjährig gewesen sei, habe sie der Vater zu sich in den Westen geholt. Sie habe dann eine gute Stiefmutter gehabt.

Frau R. erzählt in reinstem Hochdeutsch von ihrer Herkunft. Sie hat das Gefühl, etwas bewahren zu müssen. Die Sprache habe sie retten können, alles andere sei auf der Flucht verloren gegangen. Frau R. bewahrt sich den Mythos ihres Lebens in ihrer Sprache. Andere Geburtsgeschichten wie die unseres Heilands und Erlösers nehmen mit der Zeit übernatürliche Züge an: Es grenzt an ein Wunder, dass dieses Kind überlebt hat. Vielleicht hatte ja ein Engel seine Hand im Spiel? Vielleicht haben sich fremde Menschen über das Kind mehr gefreut als die Eltern? War es nun ein guter oder ein schlimmer Stern über dem Stall von Betlehem?

Himmelsfreude und Kindermord? Da kommen wir zu exegetischen Fragen, ich aber will bei der Seelsorge bleiben.

Wer bin ich und warum? Auf diese Frage suchen Menschen eine persönliche Antwort. Auf die Frage nach dem Wie der Entstehung der Arten hat Charles Darwin wegweisende Antworten gefunden. Auf die Frage nach dem Warum des Einzelnen kann es nur persönliche Antworten geben: «Er ist geboren als Retter und Heiland!» (vgl. Lk 2,11), «Du bist mein geliebtes Kind, über dich freue ich mich jeden Tag!» (vgl. Mt 3,17), «Dass du stark bist, das hast du schon bei deiner Geburt bewiesen!»

In Gottes Liebe

Wenn hinter dem Mythos der Herkunft der Hinweis auf das Geheimnis, das wir Gott nennen, ahnbar wird, dann darf der Mensch an seinen ganz persönlichen Ursprung in der Liebe glauben. Und dieser Ursprung wird ihn ein Leben lang als Kraftquelle begleiten, die ihn auch widrige Geschicke bewältigen lässt. Allerdings ist jeder Mensch gut beraten, nach den Umständen und Geschichten des Anfangs zu fragen, solange diejenigen, die davon wissen, noch leben. Alle Eltern (und auch Grosseltern!) sind aufgefordert, ihren Kindern und Enkeln die Geschichten zu erzählen, die erklären, warum sie da sind und warum sie geliebt sind. Und sie tun gut daran, in diesen Geschichten Raum zu lassen für das Geheimnis. Auf die Frage nach mir selbst kann letztlich nur der Glaube eine Antwort finden: Nein, ich bin nicht das Produkt des Zufalls. Ich bin ich, weil Gott mich will und liebt.

«Ein Mensch, der nicht weiss, woher und wie er ins Leben gekommen ist, trägt zeitlebens schwer an dieser unbeantworteten Frage.»

WAS VERLEIHT MEINEM DASEIN WERT?

«Ich liege in einem Spitalbett. Mein Rücken tut weh. Ich bitte die Krankenschwester: ‹Bitte sehen Sie doch mal nach meinem Rücken, ich spüre da so einen Knollen.› Sie fährt mir mit der Hand über den Rücken und sagt: ‹Das ist eine Metastase, da machen wir nichts mehr.› Mir fährt der Schreck durch die Glieder: Dann will ich sofort aufstehen! Aber ich weiss eigentlich nicht, was ich in diesem Fall tun will. Da fällt mir ein, dass ich ja mit einer Gruppe unterwegs bin. Szenenwechsel: Ich bin mit dieser Gruppe irgendwo im Süden, vielleicht in Portugal. Ich fühle mich für die Gruppe verantwortlich. Mir fällt ein, dass wir alle kein Visum haben, illegal eingereist sind, sozusagen. Ich gehe zur Polizei und bitte um ein Visum für uns alle. Das gehe nicht, erklärt der Beamte, wir seien ja schon hier. Ich rede auf ihn ein mit allen Argumenten, die mir einfallen. Da lässt er sich umstimmen und beauftragt die Sekretärin, die Visa auszustellen. In diesem Moment schaue ich meinen Pass an und merke mit Schrecken, dass dieser ja auf den Namen meines Bruders ausgestellt ist. Aus unerklärlichen Gründen werde ich plötzlich ganz ruhig und denke: Eigentlich kann mir ja nicht viel passieren. Im schlimmsten Fall werde ich heimgeschickt.»

Diesen Traum erzählte mir kürzlich eine Patientin. Er hat mir bewusst gemacht, dass Träume kein wirres Zeug aus der Seelenküche sind. Was würde ich denn eigentlich machen, wenn mir bewusst würde, dass ich nur noch eine kurze Weile zu leben hätte? Gute Frage! Aufstehen oder aufgeben? Ich werde also gefragt, was unter dem Gesichtspunkt der begrenzten Lebenszeit wichtig ist. Jeder hat eine andere Antwort, jeder seine oder ihre.

So viel vorweg: Die Patientin hat keinen Krebs. Sie ist wegen einer ganz anderen Sache im Spital. Aber offenbar hat sie Angst. Und Rückenweh hat sie auch vom langen Liegen. Trotzdem ist sie durch den Traum verwirrt. Ich frage sie, welche Elemente dieser Geschichte ihr irgendwie bekannt vorkommen. Und mit etwas Geduld und Sorgfalt kann sie einige Bezüge entdecken. Ja, sie sei für ziemlich viele Menschen verantwortlich, meint sie, sie fühle sich oft als Gruppenmutter.

Ich sage ihr, dass eine Reise oft ein Symbol für die Lebensreise sein kann. Die Assoziationen sprudeln: «Dann ist ja vielleicht die Diagnose des sicheren Todes für mich eine Aufforderung, nicht im Bett liegen zu bleiben, sondern mutig zu leben und dahin zu gehen, wo ich gebraucht werde.»

Lebensrecht dank Leistung?

Dann sprechen wir über die Geschichte mit dem Pass und dem Visum an: Haben wir eine Aufenthaltserlaubnis auf dieser Welt, eine Einreisegenehmigung? Und wer kann uns diese Berechtigung ausstellen? Oder können wir einfach auf sie verzichten? Nur ganz wenige Menschen vertrauen genug, um sich solche Fragen nicht stellen zu müssen – etwa weil die Selbstverständlichkeit der elterlichen Liebe in ihrem Leben nie zerbrochen ist. Sie haben grosse Möglichkeiten angstfreier Hingabe. Um im Bild des Traumes zu bleiben: Manche, aber wenige von uns wissen, dass sie den richtigen Pass haben und niemand ihnen ihr Anwesenheitsrecht streitig machen wird.

Für sehr viele Menschen aber braucht es die erworbene Rechtfertigung für ihr Dasein. «Ich muss mich anstrengen, damit ich meinen Platz verdiene. Dann können mich die anderen nicht verdrängen.» Einige unter ihnen übernehmen grosse Verantwortung. «Ich werde gebraucht, also bin ich zu Recht hier!» Diese Menschen definieren sich hauptsächlich über Beziehungen. Sie müssen wichtig sein für andere, denn das gibt ihnen ihr Daseinsrecht. Die grosse Gefahr dabei ist natürlich die gegenseitige Abhängigkeit. Der Verantwortungsträger braucht die Hilfesuchenden und umgekehrt. Dieses Muster ist in den helfenden, den sozialen Berufen und bei Eltern oft anzutreffen. Solange mich die anderen brauchen, meine Kinder, meine Klienten, meine Kranken sind, wird meine Daseinsberechtigung nicht hinterfragt. Und vor allem: Ich muss mich selbst dieser Frage nicht stellen.

Auf dem Prüfstand des Todes

Die Gewissheit des Todes zerstört diese Strategien: Ich werde nichts mehr leisten können, und ich werde nicht mehr Verantwortung übernehmen können für andere. Ein eindrückliches Beispiel habe ich im Rahmen einer Sterbebegleitung erleben dürfen. Der Mann, dem nur noch wenig Zeit blieb, versuchte mit enormer Fürsorglichkeit die Verhältnisse nach seinem Ableben zu regeln. Obwohl er wusste und gerade weil er wusste, dass er die Zügel aus der Hand zu legen hatte, wollte er über seinen Tod hinaus unverzichtbar sein. Das Vertrauen, dass die anderen ohne ihn zurechtkommen würden, gab es für ihn nur theoretisch. Eigentlich bedrohte ihn die Aussicht sogar, dass sich die Welt ohne ihn weiterdreht. Sie lieferte ihn schutzlos dem Ausgewiesenwerden aus dem Leben aus.

Leben – unser Recht

Gerade diesem Patienten hätte ich gern den obigen Traum weitergegeben, der mir leider erst später erzählt worden ist. Zwei Hinweise machen ihn für mich zu einer wirklichen Weisheitsgeschichte. Die Intensität und Hartnäckigkeit, mit der die Träumerin auf der Ausstellung des nötigen Papiers besteht, beeindruckt psychologisch wie religiös. Letztlich gibt es für sie kein anderes Argument als dieses: Ich brauche das Visum, denn ich bin hier! Ein Daseinsrecht entsteht aus der Tatsache des Daseins selbst. Es muss sich nicht rechtfertigen durch Leistungsfähigkeit oder durch die Unverzichtbarkeit eines sozialen Auftrags. Es hängt mit der Würde des Menschen zusammen, dass das Sein dem Leisten vorangeht. Ich denke, das ist ein echtes Glaubensargument, eine von den Kanzeln zu verkündende Botschaft.

Und der zweite Hinweis: Kommt es tatsächlich zu einer Ausweisung aus dem Land des Lebens, dann zählt die plötzliche Gewissheit der Patientin, dass jede Ausweisung nur ein Heimgeschicktwerden sein wird. Woher kann eine so traumhaft sichere Einsicht kommen, dass der Tod eine Heimkehr ist? Vielleicht ist in der Tiefe unserer Seele eine Erinnerung an die doch nie ganz verlorene Liebe Gottes gespeichert.

«Ein Daseinsrecht entsteht aus der Tatsache des Daseins selbst. Es muss sich nicht rechtfertigen.»

Edeltraud Abel, «Comedia finita est»

DAS LEBEN IST EINE ERNSTE SACHE

«Du musst positiv denken», das ist eines der gängigsten Rezepte, um jemandem das Fragen abzugewöhnen. Zugegeben, es gibt die Pessimisten, die sich immer den schlimmstmöglichen Ausgang einer Sache vorstellen. Solche Schwarzmaler fangen am besten erst gar nichts Neues an, sie werden sowieso nie zufrieden sein mit dem Ergebnis. Wer aber wirklich vor Entscheidungen steht und dabei das ungute Gefühl hat, es laufe etwas falsch, der tut gut daran, seine Bedenken ernst zu nehmen.

Wenn positiv leichtfertig heisst

Da hat einer gelegentlich ein beklemmendes Gefühl in der Brust, und er sagt das auch den Menschen, mit denen er lebt. «Jetzt denk nicht grad an das Schlimmste», ist die Antwort, «du musst positiv denken.» Im Moment ist eine solche Antwort erwünscht, denn sie vertreibt beängstigende Fantasien. Allerdings kommt dann plötzlich eine Situation, in der sich das beklemmende Gefühl zu einem Schmerz steigert, der deutlich in der Brust sitzt und in den linken Arm zieht. Wir ahnen es: Jetzt ist es höchste Zeit, den Notarzt herbeizurufen, denn der Verdacht auf Herzinfarkt kommt auch uns medizinischen Laien.

Wir leben halt gern so wie immer, in gewohnten Bahnen. Darum achten wir auf die bedrohlichen Anzeichen nicht – bis wir sie trotz grösstem Bemühen nicht mehr übersehen können. Und plötzlich ist es ernst.

Ein anderes Beispiel: Ein Arbeiter ist es gewohnt, am Arbeitsplatz stets einen Gang zurückzuschalten. Wir wollen lieber nicht zeigen, was wir leisten könnten, denn das hebt nur die Ansprüche. «Die halbe Kraft muss reichen», das ist seine Devise, «und immer gut vernehmlich dazu stöhnen.» Das ist ja auch jahrelang gut gegangen. Es hat gewisse Ermahnungen gegeben, sicher, das muss ja sein, denn jeder Chef sagt: Du solltest dich etwas mehr anstrengen, pünktlicher oder exakter sein. Aber dieser Arbeiter bemerkt dabei die bedeutsame Veränderung im Betriebsklima nicht, und so nimmt er die neuerliche Ermahnung nicht ernst. Plötzlich hat er seine letzte Chance verpasst, er steht vor harten Konsequenzen. Jetzt ist der Jammer nicht mehr gespielt.

Wenn immer die anderen schuld sind

Ob es nun um den Herzinfarkt geht, den Verlust des Arbeitsplatzes oder um den Fortbestand einer jahrelang kränkelnden Beziehung: Plötzlich stehen wir vor unabweisbare Realitäten. Überrascht vom Ernst des Lebens macht man oft keine gute Figur. Da steht man «mit abgesägten Hosen» – oder wie das Bild von Edeltraud Abel uns zeigt: ganz nackt. Da nützen dann auch die Masken nichts mehr: «Wem sollte man noch etwas vorspielen?» Höchstens noch sich selbst bis zum bitteren Ende.

Darf man jetzt mit reuevoller Einsicht rechnen? Manchmal vielleicht, aber doch eher selten. Wie in der biblischen Geschichte vom Sündenfall, in der auch aus dem Spiel mit dem Reiz plötzlich ein böses Erwachen mit Konsequenzen geworden ist, wird meistens die Schuld beim anderen gesucht. Wie Adam und Eva stehen die beiden Schauspieler auf dem Bild voreinander. Sie könnten zu streiten beginnen: «Du hast alles falsch gemacht! Wie stehen wir denn jetzt da?»

In der biblischen Geschichte werden Adam und Eva von Gott entdeckt, enttarnt und konfrontiert. Die alte Geschichte der Bibel erzählt, wie Gott im Garten umhergeht und wie die Menschen erschrecken, die ihn kommen hören. Heute kommt der alte Mythos an seine Grenze. Es tritt nicht ein Gott von aussen auf uns zu, um uns zurechtzuweisen. Und so steht auch im Bild von Edeltraud Abel kein Gott in den Kulissen des Lebens, um den Akteuren ins Gewissen zu reden. Gott ist nicht der Regisseur, der ihnen nun ein neues Drehbuch in die Hand drücken würde, neue Rollen mit einer neuen Maske und Verkleidung. Dennoch bin ich überzeugt, dass Gott hier dargestellt ist. Die Malerin war eine positiv denkende Frau. Positiv heisst in diesem Fall: Sie war auf eine beunruhigende Art gläubig, machte sich nicht lustig über menschliche Schwächen und wollte niemanden blossstellen. Wenn wir das Bild anschauen, dann können wir fragen, worauf sich denn die beiden Gestalten jetzt noch verlassen können, wenn der Beifall des Publikums verstummt ist. Ihre Stärke, Schönheit und Macht sind es nicht. Was in der Ratlosigkeit bleibt, das ist der Boden, der sie trägt. Wenn es ernst wird, bleibt die Bühne der Ort des Geschehens, auch ohne Publikum. Dieser Boden kann als die Anwesenheit Gottes gedeutet werden. Was immer Menschen machen, es wird sich auf der Bühne abspielen, die Gott selbst ist. Ob das Leben nun eine Komödie aufführt oder ein Trauerspiel: Gott ist nicht der, der das Drehbuch schreibt oder uns die Rolle diktiert. Gott ist vielmehr der Grund, der uns trägt in Freude und Leid, dann, wenn wir stolz sind, und dann, wenn wir uns hilflos fühlen. Wenn all unsere

Kräfte versagen, wenn wir ausgespielt haben, dann ist seine Nähe unsere wichtigste Hilfe.

Boden unter den Füssen

Wir werden es nicht vermeiden können, auf der Bühne des Lebens unsere Rollen zu spielen. Wir werden auch unsere Spielchen mit Taktik und Bluff weiterführen. Wir werden zu leben versuchen, wie wir es eben gelernt haben. Es wird sich nicht vermeiden lassen, dass wir von Zeit zu Zeit aus der Rolle fallen und vielleicht gar in Rat- und Hilflosigkeit geraten. Damit wir aber dann, wenn es plötzlich ernst wird, ein wenig Übung darin haben, den verlässlichen Boden gläubigen Vertrauens unter unseren Füssen zu spüren, ist es sinnvoll, dieses Vertrauen in guten Tagen zu üben. Ein wenig Distanz zum Alltag braucht es dafür, ein wenig humorvolles Nachdenken über die wenig verlässlichen Schicksalsläufe, ein gewisses Innehalten im allgemeinen Betrieb, ein wenig Stille. Dann werden wir, wenn es plötzlich ernst wird, wissen, dass der Grund unseres Lebens hält und trägt.

«Was immer Menschen machen, es wird sich auf der Bühne abspielen, die Gott selbst ist.»

WER ABER HAT MICH DENN NUN ERSCHAFFEN?

Heute werde ich von einem Psychiatriepatienten angesprochen, der dringend von mir wissen will, ob die Urknalltheorie stimme oder der biblische Schöpfungsbericht. Die Frage hat bei meinem Patienten einen sehr persönlichen Hintergrund: Da hat ihm also jemand erzählt, die ganze Sache mit dem Glauben sei doch Humbug, denn einen Schöpfergott gebe es nicht, weil eben die Welt mit einem Urknall vor einigen Milliarden Jahren entstanden sei. Wenn es aber keinen Schöpfergott gäbe, dann gäbe es auch keinen Gott, der ihn, den Patienten, gewollt habe. Und so sei niemand da, der auf ihn aufpasse, wenn er wieder einem psychotischen Schub ausgeliefert sei.

Gott zu brauchen ist kein Beweis

Mich beeindruckt die Logik seiner Aussagen. Er braucht einen Schöpfergott, nicht um in einem wissenschaftlichen Diskurs recht zu haben, sondern um nicht verloren zu sein in einer Welt, die für ihn keine wirkliche Sicherheit bieten kann. Und eigentlich finde ich, man muss nicht krank sein, um die Notwendigkeit eines inneren Halts spüren zu können. Glaube ist nicht eine Ersatztheorie für psychisch instabile Menschen.

Ich fordere den Patienten etwas mehr heraus: Wie denn die Welt entstanden sei, wenn es einen Schöpfergott tatsächlich gäbe? Da verweist er mich auf die Bibel und die Schöpfungsgeschichte, das Sieben-Tage-Werk Gottes. Ja, aber wie er sich das denn vorstelle, forsche ich weiter. Da rückt er mit der Sprache heraus und berichtet, er sei mit einem Prediger im Gespräch, der gesagt habe, man dürfe da keine weiteren Fragen stellen. Die Bibel habe recht, wörtlich, und jeder, der etwas anderes behaupte, sei ein Gegner des Glaubens.

Gott sprach – aber wie?

Nun ist der Trick des Predigers natürlich nicht redlich: Er schneidet jedes Gespräch und, was noch schlimmer ist, das Denken ab, indem er zwischen «behaupten» und «fragen» keinen Unterschied macht. Es geht ja nicht um die Behauptung, die Bibel habe unrecht, aber die Frage nach dem Wie muss doch gestellt werden. «Gott sprach, und es wurde.» Wie sprach Gott? Und wie wurde es? Meine Fragen verwirren den Patienten. Der Prediger habe doch alles so klar dargestellt, und ich stelle wieder so viele Fragen.

Ich merke, ich muss meinem Gegenüber mehr Sicherheit verschaffen. Ihn auf sein eigenes Nachdenken zu verweisen, würde ihn überfordern, vielleicht mit seinem inneren Chaos konfrontieren, das unter einer sehr dünnen Decke medikamentösen Schutzes jederzeit aufbrechen kann. So mache ich ihm den Vorschlag, sich Gottes Sprechen als Denken, Wünschen oder Wollen vorzustellen. Wenn Gott gewollt habe, dass es etwas gibt, so habe es vielleicht einen grossen Knall gegeben, und so habe alles angefangen. Doch, das sei denkbar, meint mein Gegenüber.

Aber dann sei da noch das Problem mit den sieben Tagen. Ich versuche, ihn zu beruhigen: Die sieben Tage seien sieben Abschnitte, und die könnten durchaus sehr unterschiedlich lang sein. Die längsten habe es am Anfang gegeben, und der sechste Tag sei eben «nur» zwei Millionen

Jahre lang, und vielleicht sei dieser Tag ja auch noch gar nicht zu Ende. Der Tag, an dem Gott ruhte, stehe uns erst noch bevor.

Mir selbst hilft in der Auseinandersetzung mit der naturwissenschaftlichen Sicht und dem Schöpfungstext der Bibel und dessen Erkenntnissen, dass ich in Schultagen gelernt habe, in Modellen zu denken. Das sind Hilfen, Konstruktionen, um beobachtete Phänomene in einen verstehbaren Zusammenhang zu bringen. Für das Phänomen Licht haben sich das Korpuskelmodell (Licht verhält sich manchmal wie ein Strom kleiner Teilchen) und das Wellenmodell (Licht verhält sich manchmal wie eine materielose Schwingung) bewährt. Die Wirklichkeit ist komplexer als unsere Modelle.

Auf ähnliche Art haben Menschen versucht, sich über das Wesen der Welt und des Menschen Klarheit zu verschaffen. Ein wissenschaftliches Modell wird den Menschen aus der Entwicklung der Natur abzuleiten versuchen, denn selbstverständlich sind wir Teil dieser Natur und haben unsere Vorfahren im Reich der Tiere. Andererseits ist der Mensch das Wesen, das anders ist als die übrige Natur, weil der Mensch – soweit uns bekannt – als einziges Wesen Fragen nach sich selbst und über sich hinaus stellt. So ist eine Erzählung wie im zweiten Schöpfungsbericht, in dem Gott dem Erdenwesen seinen Atem einhaucht, absolut treffend. Beide Modelle sind geeignet, Aussagen über den Menschen zu machen, aber beide Modelle sind nicht hinreichend, um erklären zu können, was ein Mensch ist.

So und nicht anders gewollt

So muss ich also dem Psychiatriepatienten ein Modell liefern, das ihm erklärt, wer er selbst ist: Du bist von Gott gewollt und geliebt, so wie du dich aus der Natur deiner

Eltern heraus entwickelt hast. Du musst nicht jemand anders sein, denn Gott kennt dich. Die Frage nach dem Schöpfer der Welt ist kein Theoriestreit. Sie entscheidet sich an der Frage, was denn der Mensch ist, der in den Spiegel schaut. Da fragt ein Einzelner, da erkennt sich der Einzelne, nicht eine Gattung. Und so antwortet der Schöpfungsbericht nicht auf die Frage nach der Entstehung der Arten, sondern vielmehr auf die Frage, was denn der Ursprung meines Lebens ist und meine Aufgabe im ökologischen Kontext.

Dass wir im sechsten Schöpfungstag stehen, Wesen sind, die immer noch auf dem Weg sind, Menschen zu werden, und gleichzeitig Mitwirkende am Bau des Schöpfungshauses, gibt uns den besonderen Wert. Der Friede des siebten Tages ist Zukunftsmusik, Schalom ist das Ziel.

«Und so antwortet der Schöpfungsbericht nicht auf die Frage nach der Entstehung der Arten, sondern vielmehr auf die Frage, was denn der Ursprung meines Lebens ist.»

ICH HABE MICH NICHT SELBST GEMACHT!

Rezepte, ein frisches Aussehen lange zu erhalten, gibt es haufenweise. Eine angepasste Dosis Sport, eine ausgewogene Ernährung, wenig Alkohol sowie der Verzicht auf Nikotin, Kokain und Co. helfen dabei. Um aber in Würde der Zeit des Alters zu begegnen, braucht es zusätzlich innere Übungen, mit denen man gar nicht zu früh beginnen kann. Ich meine Übungen in der Toleranz anderen gegenüber, in der Offenheit für Neues und vor allem: Übungen im Lächeln.

Was macht den Menschen schön?

Ein lachendes Gesicht ist immer schön, ob alt oder jung. Ein paar Falten stören in keiner Weise. Was aber in einem Gesicht stört, das sind die Spuren von Griesgram und Unzufriedenheit. Und die kerben sich früh ein. Wenn Sie, liebe Leserin, lieber Leser, jung sind und ein Gesicht haben möchten, mit dem Sie sich gern in die Öffentlichkeit trauen, dann vergessen Sie bitte nicht die Prävention. Nicht erst ab fünfzig muss man mit den genannten Übungen anfangen, je früher, desto besser. So weit der vorsichtige Optimismus.

Damit aber die Gedanken über das Altersgesicht nicht zur naiv-fröhlichen Ratgeberei werden, muss ich an die Menschen denken, die nicht begeistert in den Chor der Schönen einstimmen können. Viele Menschen tragen ihr

Handicap von Jugend auf, und jeder unbedachte Rat zur Selbstverbesserung ist ihnen ein Schmerz. Ob sie nun mit einem körperlichen Gebrechen leben müssen oder ein seelisches Leiden tragen: Wie schwer muss es für sie sein, das Lächeln zu üben, das nicht einfach eine Fassade ist, um den anderen etwas vorzuspielen! Und wie kann man zu einer Haltung der zufriedenen Selbstannahme gelangen? Nicht rauchen, Müesli essen und sich anstrengen reichen da nicht.

Der quälende Vergleich

Bevor ich aber den Nicht-so-Schönen etwas sagen kann, muss ich bei mir selbst beginnen. Sonst heisst es: Der hat gut reden. Natürlich fühle ich mich stets zurückgesetzt, wenn ich die in der Öffentlichkeit hergezeigten Bilder von Männern anschaue. Dann gehöre ich zu den Benachteiligten. Und für Frauen mag es noch schwieriger sein, dem Diktat der Schönheitsideale zu entgehen. Ich muss mich selbst annehmen, wie ich bin, daran führt kein Weg vorbei, auch wenn ich mit ein wenig Kosmetik Schlimmeres zu verhüten trachte.

Die Begegnungen mit Menschen, die nicht im naiven Sinn jugendlich schön genannt werden können, hilft mir mehr als jede Salbe. Da ist die Frau, die im Spital liegt und auf eine Magenbandoperation wartet. Sie verbreitet in der Begegnung zunächst eine demonstrative Heiterkeit, als ob sie darüberstünde. Ich wage es, ihr ein Angebot zu machen, diese Oberfläche einmal wegzulassen. «Wenn Sie sich heute zu dieser Operation entschieden haben, dann steckt dahinter sicher eine lange Leidensgeschichte!» Die Patientin nimmt das Angebot des Zuhörenden an und beginnt zu erzählen. Von ihrem lebenslangen Kampf gegen das Übergewicht berichtet sie, vom Versuch, sich beliebt zu machen bei den anderen jungen Leuten, vom Schmerz bei jeder Reklame für Badebekleidung, von den Auswirkungen auf die Gesundheit ihrer Organe und Gelenke, von Chancenlosigkeit bei der Partnersuche. Der ganze Frust über vergebliche Versuche, mithalten zu können, hat so etwas wie einen bitteren Zug in ihrem Gesicht entstehen lassen, eine gewisse Härte und aggressive Abwertung all der Schönen. Erfahrungen, in Beruf und Freizeit nicht berücksichtigt, ja sogar übersehen zu werden, als ob man mit 120 Kilogramm Luft wäre, haben sie naturgemäss nicht lockerer und fröhlicher werden lassen. Nun halt das Magenband. «Operation der Hoffnung» kommt mir in den Sinn.

Ich bin mir aufgegeben

Mir sind viele Menschen begegnet, die leiden wie diese Frau. Manche haben berichtet, wie sie gelernt haben, dem aussichtslosen Kampf des Vergleichens auszuweichen. Sie haben sich der Kunst zugewandt statt dem Sport, dem Sozialen statt dem Öffentlichen. Es gibt vielleicht nur eines, was noch besser ist: Sich selbst unabhängig von der Zustimmung der Allgemeinheit anzunehmen und so zufrieden zu werden. Auf diese Menschen muss man achten, und von ihnen kann man lernen. Ich will auf einen Aspekt hinweisen, der mir in diesen Begegnungen wichtig geworden ist.

Die wörtliche Bedeutung von «sich selbst annehmen» ist doch, dass ich nicht das Produkt meiner Bemühungen bin, nicht als Gewinner und schon gar nicht als Versager. Ich bin mir gegeben, als Chance, aber auch als herausfordernde Aufgabe. Wer gibt mich mir? Ich habe mir mich nicht ausgesucht. Ich bin mir aufgegeben, warum auch immer. Ich akzeptiere, dass ich mich nicht umtauschen kann. Natürlich muss ich mich mit dem Neid auseinandersetzen beim Anblick derer, denen leicht fällt, was mir versagt ist. Dann muss der Satz als persönliches Credo gesprochen werden: Ich habe mich nicht selbst gemacht. Dreimal täglich reicht nicht, hundertmal ist eine Dosis dieses Credos nötig. Irgendwann wird es kein Ziel mehr sein, anderen zu gefallen.

Wir können aber einander unterstützen in diesem Wachstum. Lassen wir mal die Schönen und Schnellen um die Ideale kämpfen, das ist ihre Sache. Wir können durch das Wagnis der grösseren Offenheit und des Zuhörens in Begegnungen lernen, einander zu ermutigen, den eigenen Weg zu gehen mit den eigenen Voraussetzungen. Ich habe mich nicht gemacht, auch mein Gesicht nicht nach fünfzig. Aber vielleicht schleicht sich dann von ganz allein ein Lächeln in mein Leben, das mich schön macht.

«Ein paar Falten stören in keiner Weise. Was aber in einem Gesicht stört, das sind die Spuren von Griesgram und Unzufriedenheit.»

Edeltraud Abel, «Die Welt hat mich verloren»

WIE ERKENNE ICH DEN WILLEN GOTTES?

Zu den Grundfragen, mit denen Menschen den Kontakt zu einem Seelsorger, einer Seelsorgerin suchen, gehört die religiöse Lebensorientierung: Wie lebe ich nach dem Willen Gottes? Dabei ist weniger an eine theoretische Erörterung biblischer Verhaltensvorschriften zu denken als an den ganz persönlichen Weg: Wie lebe ich ...? Fragt dann der Seelsorger nach den Lebensumständen und momentanen Herausforderungen des oder der Ratsuchenden, wird sehr schnell klar, dass es keine allgemein gültige Antwort geben kann. Gottes Wille ist offenbar nicht für alle Menschen und nicht in jeder Zeit gleich.

Meist frage ich als nächstes nach dem Gottesbild. Wird nach dem Willen eines allmächtigen Aussenstehenden gefragt, dann liegt die Vermutung nahe, dass der Suchende an einen fernen Gott denkt, der schwer verständliche Anweisungen gibt und darauf wartet, dass gehorsame Menschen sie verstehen und befolgen. Das Bild eines liebenden Vaters hingegen verbietet eigentlich den Gegensatz zwischen dem Wohl des Menschen und dem Willen Gottes. Wer Gott denkt als eine externe Regieinstanz, mehr oder weniger einflussreich, der sucht sicher bereits am falschen Ort.

Das Ohr der Seele
Kein Orakel, keine Anweisung einer geistlichen Autorität, keine Entschlüsselung einer geheimen Botschaft oder Zu-

fallslektüre aus der Bibel kann das Hineinhorchen in die eigene Seele überflüssig machen. Wenn irgendwo der Wille Gottes vernehmbar ist, dann in dem, was wir «Gewissen» nennen, dem Ohr der Seele. Hier lässt sich das Ringen der verschiedenen inneren Kräfte mitverfolgen, hier geschehen auch Verdrängung und Verdrehung.

Auch ein geistlich erfahrener Begleiter kennt die Antworten auf das suchende Fragen des Gegenübers nicht. Er hat viel eher die Funktion eines Spiegels. Er kann sagen, was er wahrnimmt, und Gehörtes mit Erfahrungen anderer in Verbindung bringen. Damit stellt er die Suche nach dem Willen Gottes heute und für diesen Menschen in den Horizont der grossen spirituellen Entwürfe der Vergangenheit. Voraussetzung ist, dass sich dieser Begleiter über lange Zeit in intensiver Selbsterfahrung mit sich selbst auseinandergesetzt hat, natürlich nicht, ohne selbst wieder von anderen ein ehrliches Feedback zu bekommen. So wird der Spiegel, den er dem Ratsuchenden entgegenhält, ohne grosse Verzerrungen sein, zumindest wird er wissen, wo er selbst zu Verzerrungen neigt.

Sich selbst aushalten

Es soll nicht der Eindruck entstehen, man müsse nur den Regeln der grossen Gottsucher folgen, dann werde man sicher die Stufe der klaren Erkenntnis erreichen. Ob Ordensgründer, Mystikerin oder Bettelmönch: Niemand hat einen Weg gefunden, ohne die Auseinandersetzung mit der eigenen, ganz und gar einmaligen Person und Lebensgeschichte. Im Gegenteil: Sie alle führen den Suchenden in die Konfrontation mit sich selbst. Nur wer dies aushält, wird Fortschritte auf dem eigenen Weg machen.

Alle anderen sind Nachläufer. Sie gehen sich selbst aus dem Weg und meinen, den Willen Gottes zu tun, indem sie sich möglichst vollständig (pharisäerhaft) einem vorhandenen Konzept anpassen. Es wird sie aber nur zur Stromlinienform im fremd bleibenden System führen. Wer den eigenen Weg – und dieser ist identisch mit dem Willen Gottes – finden will, kommt nicht daran vorbei, in vielen Bereichen in der Minderheit, vielleicht auch ein Dissident zu sein. Gottes Wille wird nicht beklatscht, am wenigsten von den Mächtigen, die sich brave Untertanen wünschen. Der Weg Jesu ist das beste Beispiel dafür.

Letzte Einsamkeit

Wer den Willen Gottes für das eigene Leben sucht, hat eine letzte Einsamkeit zu akzeptieren. Vor Gott steht der Mensch stets ungeschützt und unverborgen. Da hilft kein Begleiter, da hilft keine Gruppe. Meditationsbild für diesen Prozess ist die Ölbergszene aus der Passionsgeschichte Jesu. In der Nacht nach dem letzten Paschamahl mit den Aposteln ist Jesus mit der definitiven Entscheidung konfrontiert. Soll er den Weg gehen, den er als Willen Gottes für sein Leben erkannt hat? Es besteht die Möglichkeit, aus Jerusalem zu fliehen, abzutauchen und unauffällig zu werden. Aber dann ist seine Mission gescheitert. Bleibt er standhaft, hat er die Konsequenzen zu tragen, die ihn in den Tod führen werden. In dieser Einsamkeit erlebt er die Unzuverlässigkeit der Gruppe. So sehr sie auch begeistert waren, als es um die gemeinsame Sache ging: Jetzt, wo es einzig um die Haut Jesu geht, sind sie ihm als Schlafende keine Hilfe. Wenigstens wachen und beten könnten sie, wenn sie Jesus schon nicht abnehmen können, seinen ganz eigenen Weg zu gehen.

Vertiefung des Friedens

Was aber gibt die Sicherheit, sich auf dem Weg zu wissen, der dem Willen Gottes entspricht? Nicht jeder, der einsam ist, ist bereits auf dem Weg zu Gott. Dafür gibt es zu viele pathologische Formen von Einsamkeit. Nicht jeder, der von einer Gruppe ausgegrenzt wird, ist ein mystisch begabter Mensch. Er kann auch schlicht unsozial sein. Und nicht jeder, dem der Beifall des Erfolgs versagt ist, hat automatisch Anteil am Kreuz Jesu. Es kann auch einfach an seiner Unfähigkeit liegen. Woran also ist zu erkennen, dass ich auf dem Lebenspfad bin, der Führung Gottes zu vertrauen?

Es gibt, soweit ich sehe, nur einen einzigen Indikator für die richtige Entscheidung in solchen Fragen. Er heisst Friede oder besser noch Schalom. Das bedeutet, in der Übereinstimmung mit der Ordnung Gottes zu stehen. Dieser Friede bezieht sich zuallererst auf das Ende des Krieges mit mir selbst. Er steht für das Verstummen der Widersprüche in der Seele.

Damit ist klar, dass keine Einzelfrage allein über Gottesnähe oder Gottesferne entscheidet. Vielmehr ist die Suche nach dem Willen Gottes ein steter Prozess mit vielen Schritten und Entscheidungen. Stets gilt es, den Weg in Richtung Vertiefung des Friedens zu wählen. Immer neu werden wir uns in die Widersprüche des Lebens verwickeln. Friede ist wie Glück oder Liebe kein Zustand, eher ein Erlebensmoment. Der Zustand des Friedens ist jenseitig, der Zustand bleibender Gottesnähe. Das ist die Vision, auf die hin immer wieder neu nach dem Willen Gottes für mich im Hier und Jetzt gefragt werden muss. Das Ergebnis der Suche aber wird das Lob Gottes sein, die Freude, die aus dem Herzen jenseits der Angstnacht zum Himmel aufsteigt.

«Gottes Wille ist offenbar nicht für alle Menschen und nicht in jeder Zeit gleich.»

DER MENSCH DENKT, UND GOTT – LENKT IHN ZU SICH SELBST

«Ja, der Mensch denkt, und Gott lenkt!» Dieses Sprichwort drückt eine skeptische Haltung aus, wenn es etwa am Jahresanfang gebraucht wird, um die Erwartungen an die Zukunft zu dämpfen. Und man kann es oft als Kommentar hören, wenn die Ereignisse sich anders entwickeln, als man sich das vorgestellt hat. Tröstlich? Wir sind zwar planende Wesen – das macht unser Menschsein mit aus –, aber wir haben längst nicht alles unter Kontrolle. Erstens kennen wir nur einen kleinen Teil jener Umstände, die unsere Pläne durchkreuzen können, und zweitens können wir vieles nicht wirklich beeinflussen.

Wenn die Rechnung nicht aufgeht

Wir können unsere lieben Mitmenschen selten zwingen, sich so zu verhalten, wie das in unsere Pläne passt. Wir können zwar versuchen vorauszusehen, wie sich Hans entscheiden wird, der ja stets ein Dickkopf ist, oder Elfriede, die immer den einfachsten Weg wählt. Aber dann ist Hans plötzlich verliebt und dadurch ausnahmsweise sehr nachgiebig, oder Elfriede hat gerade eine Predigt über den steinigen Weg gehört, der zu den Sternen führen soll, und darum wählt sie ausgerechnet heute den schwierigen Weg – und meine Pläne sind durchkreuzt.

Die eine Seite des Sprichworts stimmt: Der Mensch denkt, er versucht's mindestens. Ob die zweite Seite ebenso richtig ist, das ist schwieriger herauszufinden. Ob nämlich Gott es ist, der die Geschicke in den Händen hält und der schlussendlich darüber entscheidet, ob unsere Pläne aufgehen oder nicht, das bleibt doch sehr fraglich. Dass eine Sache anders laufen kann, als wir uns das dachten, das muss nicht an Gott liegen, das kann auch ganz einfach an unserer Dummheit liegen, weil wir eben falsch gedacht haben.

Das Wunder Zufall

Zeigt uns der Verlauf unseres eigenen Lebens, dass wir Kapitäne sind auf dem eigenen Schiff? Ein Kapitän lenkt sein Schiff, und es wäre schön blöd, wenn dieses Schiff plötzlich an einem ganz anderen Ort ankäme als vorgesehen. Wir würden diesem Kapitän wohl nicht das grosse Vertrauen aussprechen. Aber in unserem Leben ergeht es uns oft so. Wir steuern ein bestimmtes Ziel an, und dann führt uns irgendein Lebenswind in eine andere Richtung. Und wir können nur verwundert feststellen, wo wir angekommen sind.

Ich finde es jeweils hochspannend, wenn ich an einem Krankenbett sitze, etwas Zeit habe, und jemand erzählt mir seine Lebensgeschichte. Da sind die unglaublichsten Dinge zu hören. Bei denen, die jetzt alt sind, hat meist der Zweite Weltkrieg eine grosse Rolle gespielt. Dadurch sind Menschen auf Wege geraten, die sie sich nie und nimmer selbst ausgesucht hätten. Noch und noch gibt es Lebensläufe, die gleichen mehr einem spannenden Roman, als dass sie seriöser Lebensplanung gehorchten.

Oder doch Fügung?

Vielleicht muss man sogar zugeben, dass die wirklich wichtigen Elemente unseres Lebens nicht planbar sind.

Ob ich gesund bin oder wann mich Krankheit trifft, das steht in keiner Agenda. Welche Freuden und Sorgen mir meine Kinder bereiten, das ist kaum vorhersehbar und kann meine Pläne gehörig durchkreuzen. Wo ich die Frau kennenlerne, die mir zur Lebenspartnerin wird – Zufall oder Fügung? Und ob diese Beziehung dann auch ein Leben lang hält – Schicksal oder Verdienst?

Hinter der Annahme, es könne Gott sein, der die Pläne von uns Menschen durchkreuzt und uns nach seinen eigenen Plänen lenkt, stehen doch viele Fragezeichen. Der Mensch denkt, und Gott lenkt? Sollte Gott hinter den Schicksalen stehen und mich an den Platz stellen, an dem er mich haben will? Gewiss, die Bibel erzählt mancherlei Drastisches (so etwa im Buch Jona), um diese Auffassung zu untermauern. Im Rückblick wird dann manche Geschichte so dargestellt, als hätte Gott einen genauen Plan, nach dem er «seine Menschen» einsetzen will. Doch wir heute haben Ereignisse gesehen, die nicht mit der Annahme einer göttlichen Führung oder Fügung zusammenpassen. Vor allem wenn wir an die Auswirkungen der verschiedensten Katastrophen denken, kommt das Vertrauen in eine göttliche Führung doch arg ins Wanken. Ein Welterklärungsmodell jedenfalls ist das nicht.

Auf unser Inneres horchen

Um der Wirklichkeit besser gerecht werden zu können, auch den Lebensgeschichten, müssten wir vielleicht das Sprichwort ein wenig ergänzen. Es hiesse dann vielleicht: Der Mensch denkt, und Gott lenkt – unsere Gedanken? Ich kann die Auffassung von der Führung Gottes nicht als Konzept für äussere Geschichte verwenden. Es sind zufällige Umstände, die mich an den Ort meines Lebens spülen. Die Zufälle meiner Herkunft und Geburt, meiner genetischen

Ausrüstung, meiner Talente und meiner Ausbildung – all das könnte auch ganz anders sein.

Gottes Ruf ist in unserem Innern vernehmbar, wenn wir denn hören gelernt haben. Vernehmbar ist er nicht in der Aussenwelt. Allerdings hat dieses Aussen ein Echo in den Seelen, und das ist nicht ohne Bedeutung für unsere Entscheidungen. In der Besinnung auf sich selbst kann einem Menschen aufgehen, dass es sinnvoll ist, eine ganz bestimmte Richtung einzuschlagen, ein bestimmtes Engagement einzugehen, eine bestimmte Leidenschaft zu pflegen. Dazu sagt man: Ich gehe meinen Weg.

Leider tue ich allerdings oft, was ich nicht will. Ich kann sogar weitgehend mich selbst nicht kennen und nach den Plänen anderer funktionieren. Die Einladung Gottes führt zum eigenen Weg, egal ob die Welt dies nun fördert oder ob sie Widerstand leistet.

Ob wir uns selbst finden, unter welchen zufallsbestimmten Umständen auch immer, das wissen wir nicht. Es hat viel mit unserem Mut und unserem Glauben zu tun. Es ist unsere tagtägliche Aufgabe, neu nach dem Willen Gottes zu fragen und den eigenen Weg danach auszurichten. Der Mensch denkt, und Gott lenkt nicht, aber er lockt.

«Die Einladung Gottes führt zum eigenen Weg, egal ob die Welt dies nun fördert oder ob sie Widerstand leistet.»

JEDER MENSCH IST EIN GEWORDENER, MIT WEGEN UND UMWEGEN

Die gute alte Wandtafel war, ja ist eine feine Sache. Heute schreibt man vielleicht nicht mehr mit quietschender Kreide, sondern benutzt Filzstifte, und die Tafel ist nicht mehr schwarz oder grün, sondern weiss, aber das Prinzip ist gleich geblieben. Man kann schreiben oder malen, was man will, man kann dabei Fehler und Scherze machen, grobe sogar, und nachher wird alles ausgewischt, mit einem speziellen oder herkömmlichen Schwamm und mit Wasser. «Schwamm drüber!»

Das Gedächtnis ist leider keine Wandtafel, der es egal ist, was auf ihr geschrieben wird. Es wäre manchmal schön, wenn man Unangenehmes spurlos auslöschen könnte. Man müsste sich nicht mehr schämen für die alten Dummheiten, sondern könnte einen Neuentwurf machen, und die alten Fehler würden einem von niemandem vorgehalten, nicht einmal von einem selbst.

Hier liegt natürlich der Haken: Das Gedächtnis ist kein Medium, dessen Inhalt ausgetauscht werden kann. Dinge verblassen, Gott sei Dank, aber sie sind weiterhin vorhanden – jedenfalls solange die Mitwisser nicht verstorben und das eigene Gedächtnis nicht durch krankhafte Vergesslichkeit zerstört worden ist. Stets gibt es Momente, in denen sich Altes, vergessen Geglaubtes wieder in den Vordergrund schiebt.

Der Weg in die Zukunft – mit der Vergangenheit im Gepäck

Wir wissen es aus Filmen, und wir kennen es aus der Geschichte: Einem Kronzeugen, der ja für andere ein Verräter geworden ist, wird ein neues Leben angedichtet, neue Namen und Papiere, neuer Wohnort. Beziehungen werden dabei zum Problem, denn sie sind nicht einfach austauschbar. Das neue Leben ist zunächst notwendigerweise isoliert, eingeweiht sind nur die allerwenigsten. Und die müssen dichthalten, ja, sie müssen selbst zu neuen Existenzen werden.

Das mag notwendig sein zum Schutz eines Bedrohten, der Preis dafür ist aber hoch. Eine angedichtete Vergangenheit ersetzt niemals die gelebte Geschichte. Jeder Mensch ist ein Gewordener, mit Wegen und Umwegen. Das eigene Gedächtnis lässt sich nicht überreden, die erfundene Geschichte für wahr zu halten. Ich bin ich dank meiner Geschichte, die mir eingebrannt ist, die ich kenne und die mich trägt.

Gibt es denn keinen Neuanfang? Ein Fehler der Vergangenheit kann nicht endgültig ausgewischt werden wie das falsche Ergebnis an der Wandtafel! Er muss in jeden Neubeginn mitgetragen werden als Altlast. Ob diese Geschichte allen Menschen der Umgebung bekannt sein soll, ist eine andere Frage. Damit kann man diplomatisch und verschwiegen umgehen. Aber im Denken über sich selbst kann man sich nichts vormachen: Die Biografie kennt keine Gnade.

Umkehr als Neuanfang

Im Licht Gottes hingegen gibt es diese Gnade, sie wird sogar werbend angeboten: Zum Neuanfang hat Jesus im Namen Gottes aufgerufen. Zöllner und Ehebrecherin, Pharisäer und Fischer, sie alle konnten neue Menschen werden, indem sie der Einladung Jesu folgten. Jesus hat ihnen nie ihre Vergangenheit vorgeworfen, und dennoch tat es ihnen gut, ihr altes Leben nicht zu vergessen. Die Umkehr, die Jesus anbot, war (und ist) mehr als eine moralische Besserung. Den alten Menschen ablegen und ein neuer Mensch sein, diesen alten Traum hat Jesus nicht in den Kübel für irreale Träume und Illusionen geworfen. Vielmehr hat er die Gnade Gottes versprochen, in der ein Mensch wie eine neue Schöpfung ist, in neuer Unschuld mit der ganzen Zuwendung des Himmels und allen Chancen. Was unauslöschlich im Gedächtnis des Menschen eingebrannt ist, das wird in der Sicht Gottes gelöscht. Auf diese Weise kann ein Verleugner zum Felsen werden, auf den die Jüngerschaft Jesu bauen kann.

Diesem Leiter des Zwölferkreises hingegen wird als Gnadengeschichte stets bewusst bleiben, dass es die unrühmliche Vergangenheit gibt. Und sie muss der ganzen Kirche bewusst bleiben. Genau aus diesem Grund wird diese Geschichte in den Evangelien so ohne Beschönigung dargestellt. Die Fehler der Vergangenheit sind irdisch nur zu bewältigen durch Wahrhaftigkeit. Nur diese bewahrt vor Selbstüberschätzung. Wer um sein altes Leben weiss, wird das neue niemals für selbstverständlich halten oder gar behaupten, einen Anspruch darauf zu haben. Gnade bleibt Gnade, auch wenn sie lange zurückliegt. Und Einsicht bleibt Einsicht, denn sie bindet das schöne neue Leben an seine unrühmlichen Seiten fest. So ist's gesund.

Chancen aus Krisen

Dass Umkehr und Neuanfang keine vorwiegend moralische Angelegenheit sind, erlebe ich bei einem Patienten, der ein neues Leben geschenkt bekam. Ich treffe Herrn Z.

in der Intensivstation. Er ist bei vollem Bewusstsein und kennt sich dennoch nicht aus in der Welt, in der er sich vorfindet. Vor wenigen Tagen noch war er ein ahnungsloser junger Familienvater, und nun muss er sich wundern, dass er überhaupt noch da ist und lebt.

Herr Z. war mit dem Velo unterwegs. Das ist das Letzte, an das er sich erinnern kann. Den Rest weiss er aus den Berichten der Menschen, die ihm geholfen haben. Herr Z. ist nämlich samt Velo umgesunken, plötzliches Herzversagen raubte ihm das Bewusstsein. Eine Autofahrerin sah diesen Vorgang im Rückspiegel. Beherzt hielt sie an, eilte zum Verunfallten und stellte schnell fest, dass Atem und Herzschlag nicht zu spüren waren. Als Krankenschwester kannte sie sich aus. Sofort begann sie mit den lebensrettenden Massnahmen, während andere, die hinzugekommen waren, den Rettungswagen riefen. Dieser war rasch zur Stelle, und die eingeleitete Reanimation war erfolgreich. Dank der raschen und kompetenten Hilfe ist das Gehirn vor Schaden bewahrt worden.

Es dauert eine ganze Woche, bis Herr Z. begreift, was sich abgespielt hat. Vom dramatischen Geschehen hat er selbst nichts mitbekommen, er muss sich hineindenken. Was geschehen ist, kommt tatsächlich einer Totenauferweckung gleich. Und Herr Z. fragte sich, warum ihm dies wohl zugestossen ist. Ganz aus sich kommt er auf die jesuanischen Geschichten. Ein neues Leben sei ihm geschenkt worden, das habe doch sicher seine tiefere Bedeutung. Herr Z. lebt mit dieser Geschichte, Bedeutung und Konsequenzen ergeben sich erst mit der Zeit. Er erlebt die Gnade und die Herausforderung eines Neuanfangs.

«Wer um sein altes Leben weiss, wird das neue niemals für selbstverständlich halten.»

Edeltraud Abel, «Die Stunde der Angst»

Hoffnung verträgt keine Beschönigung.
Hoffnung gibt es nur mit offenen Augen.

LEIDEN

ERNTEN AUF DÜRREM FELD?

Zu merken, welche Stunde geschlagen hat, ist eine der Weisheiten, die sich Mann und Frau im Lauf ihres Lebens zulegen sollten. Sich zeitgemäss zu verhalten, ist nicht nur eine Frage der Klugheit (oder Angst, man könnte sonst im Einschätzen der benötigten oder vorhandenen Kräfte danebengreifen) und erst recht nicht eine Frage der Mode (oder Angst, man könnte sich lächerlich machen, wenn man sich unzeitgemäss verhält). Vielmehr gehört es zum Gelingen des Lebens, die rechten Dinge zur rechten Zeit zu tun. Es verfehlt sein Leben, wer mit dreissig nur stets an Pensionierung, Alter und Tod denkt, und es verfehlt sein Leben, wer als Siebzigjähriger vor sich hinackert, als gäbe es für ihn das ewige Leben auf Erden.

Die Erntezeiten des Lebens

Wenn ich nun auf die Ernte des Lebens zu sprechen komme, so mögen die jungen Menschen bitte nicht abschalten. Das Einfahren der Ernte geschieht am Ende eines Tages wie am Ende eines Projekts, es geschieht im Rückblick auf ein Lebensjahr ebenso wie im Nachdenken über die gesamte Lebenszeit. Gut, wenn wir gelernt haben, das Ernten für ebenso wichtig zu halten wie das Aussäen. Dann nämlich schalten wir hinter die Zeit des Krampfens eine Zeit des Innehaltens und der Entspannung.

Letzthin habe ich mit einem Freund über den richtigen Zeitpunkt für seine Memoiren gesprochen. Damit war nicht gemeint, es müsse ein Buch entstehen, mehrbändig und mit Enthüllungen wie bei manchen Politikern. Vielmehr enthält sein Leben einen ebenso grossen Reichtum an persönlichem Erleben wie an erlebter Zeitgeschichte. Den Zeitpunkt der Ernte zu verpassen, hiesse in seinem Fall, diesen Reichtum ins Vergessen sinken zu lassen. So aber, im Erinnern, Erzählen und Aufschreiben kann ein gewisser Stolz aufkommen. Er darf sich sagen: Ich habe einiges richtig gemacht. Und er kann zu Einsicht und Frieden kommen, weil Zusammenhänge im Rückblick besser verstehbar sind.

Es ist natürlich schön, wenn meine Ernte reichlich ausfällt und ich aus ganzem Herzen sagen kann: «Die Mühsal, das Risiko, der Einsatz, das Leiden haben sich gelohnt!» Es bleibt dabei offen, was der Inhalt der Ernte ist. Ich meine nicht einfach die materiellen Erfolge. Tiefe Beziehungen, die Vielzahl von Erlebnissen und jede Art von Selbsterfahrung sind Früchte einer solchen Ernte. Schön, wenn das Ergebnis dieses Einsammelns Freude und Zufriedenheit sind.

Sich selbst wertschätzen

Man wird aber unausweichlich nicht nur Erfreuliches bemerken, wenn man einen Zeitabschnitt auswertet. Das Verpasste, Vergessene, nicht Nachzuholende zu begreifen, kann ganz schön wehtun. Es wird immer eine Mischung sein aus Erfreulichem und Bedauerlichem, ein breites Spektrum oder auch ein Flickenteppich, der da sichtbar wird. Das hilft uns zu begreifen, dass nicht nur Absicht und Einsatz für den Erfolg verantwortlich sind, sondern dass stets auch Unberechenbares mitspielt, Schicksal, Glück oder Pech.

Ich erinnere mich an eine Patientin, die tief überzeugt war, ihr Leben sei total wertlos, ergebnislos und deshalb überflüssig. Sie hatte es wirklich nicht leicht. Durch eine schlimme Erkrankung in ihrer Kindheit war sie schwer behindert. Sie konnte keinen Beruf ausüben und nahm nur sehr eingeschränkt am sozialen Leben teil. Die Frage nach der Ernte ihres Lebens war immer auch die Frage nach dem Sinn ihres Lebens. «Ich bin für nichts zu gebrauchen, ich koste nur, bin für andere eine Belastung.» Das war ihre Bilanz.

Ich habe in regelmässigen Gesprächen über längere Zeit zwei Richtungen eingeschlagen: Primär brauchte die Patientin sehr viel Verständnis für ihr Leiden. Nur (an-) erkanntes, gesehenes und gewürdigtes Leiden ist für die heilsame Entwicklung zugänglich. Dann aber habe ich versucht, ihr die einzigartige Option der Bibel für die Benachteiligten nahezubringen. Es gehört zur Grundbotschaft des Alten wie des Neuen Testaments, dass Gott nicht auf der Seite der Sieger steht, mag das auch noch so oft vergessen worden sein. Die Zeilen aus dem Gottesknechtslied des Propheten Jesaja geben den Blick frei auf die Fortsetzung im Kreuzestod Jesu: «Doch der Herr fand Gefallen an seinem zerschlagenen Knecht ... Nachdem er so vieles ertrug, erblickt er das Licht.» (Jes 53,10f.) Mit der behinderten Frau habe ich überlegt, worin denn der Wert eines Lebens liegen könnte, das sich nicht durch Leistung in irgendeiner Weise hervortun kann.

Die Art und Weise dieses Nachdenkens ist ein Teil der Antwort. Einem Menschen Zeit zu schenken heisst, ihn wertzuschätzen. Das Wort, dass Gott Gefallen findet am benachteiligten Menschen, muss sozial übersetzt werden, wenn es nicht Theorie bleiben soll. Es braucht menschliche Augen, menschliche Hände, damit dieser Zerschlagene an die Beachtung und das Wohlwollen Gottes glauben kann. Es braucht das Eingeständnis, dass jeder an einer eigenen Behinderung leidet und die eigene Frage nach dem Selbstwert stellt.

Die Früchte der Liebe

Diese zentrale Frage haben sich nicht nur Benachteiligte zu stellen, schon gar nicht nur Leute, die sich als Verlierer oder Versager vorkommen. Für alle Menschen ist es wichtig, sich persönlich der Herausforderung zu stellen: Welche Ernte kann ich einbringen, wenn ich nicht leistungsfähig bin? Ich glaube, es gibt dafür nur eine einzige Antwort: Das sind die Früchte der Liebe. Die wachsen nicht auf dem Boden der Leistung und nicht mit dem Dünger der Anstrengung, der Absicht und der Zielsetzung.

Erst in der Hingabe – das ist vielleicht eindeutiger als das Wort Liebe –, in der totalen Selbstvergessenheit und Absichtslosigkeit wird die Ernte zum Geschenk. Wenn wir nicht mehr nach Lohn und Zuwendung schielen, werden wir erstaunt feststellen, dass wir beachtet sind.

Die behinderte Patientin, die ich begleitet habe, hat sich dazu bewegen lassen, nicht mehr so oft zu fragen, ob die anderen sie auch gern haben. Vielmehr hat sie geübt, anderen zuzulächeln und mit einem guten Wort auf andere zuzugehen. Das war ihre Form von Hingabe. Und sie hat erfahren, dass sie viel zurückbekommen hat. So dürftig, wie sie meinte, ist ihre Ernte gar nicht ausgefallen.

Daraus können wir lernen: Sonst machen wir uns nur Stress. Denn letztlich sind die Resultate trotz allem Einsatz nicht machbar. Die Frage nach dem Ergebnis stellt sich als Frage nach der Liebe: Wo hast du dich mit deiner ganzen Hingabe eingebracht?

Ich bin immer wieder erstaunt über mich selbst, nämlich, dass ich mir diese Wahrheit klarmachen muss. Dabei bin ich doch auch einmal ein Kind gewesen und habe genau gewusst, dass ich nicht sein darf, weil ich gut bin, sondern dass ich bin, weil ich geliebt werde. Aber ich vergesse diese alte Einsicht von Zeit zu Zeit, und dann muss ich einen Artikel wie diesen schreiben, ganz an mich selbst gerichtet.

«Die Früchte der Liebe wachsen nicht auf dem Boden der Leistung und nicht mit dem Dünger der Anstrengung.»

WEINENDE AUSSAAT – JUBELNDE ERNTE

Ich bin immer wieder konfrontiert mit Menschen, deren Leben in Frage gestellt ist, ob nun durch eine körperliche oder durch eine psychische Erkrankung. Die Kranken erwarten zu Recht, dass ich ihnen Mut mache, dass ich ihnen Sicherheit vermittle und dass ich ihre Hoffnung stärke. Wie aber mache ich das, ohne dass ich schulterklopfend auf Redewendungen zurückgreife, die ich selbst nicht glaube: «Das kommt schon! Kopf hoch! Wer wird denn die Hoffnung aufgeben! Die Hoffnung darf man nie fahren lassen!» und Ähnliches.

Wahrhaftig bleiben

Solche Sprüche glaube ich selbst doch am allerwenigsten. Sie sind auch nicht wirklich gemacht, um einem Menschen, der Angst hat, neuen Boden unter die Füsse zu geben. Sie dienen nur dem Besucher, der sich irgendwie verabschieden und die Wortlosigkeit überbrücken möchte. Man sagt so etwas vielleicht einmal, aber man glaubt ja selbst nicht daran.

Ich möchte zunächst fragen, was denn unter Hoffnung zu verstehen ist. Dazu vier Anregungen:

Hoffnung hat mit Licht zu tun, mit dem «Silberstreifen am Horizont». Es ist gut, wenn ich einem Menschen, der konsequent nur schwarzsieht, Mut mache, damit er diesen Boten der Morgenröte, das ferne Licht am Ende des

Tunnels sehen kann. Aber natürlich geht das nur, wenn ich selbst wirklich dieses Licht sehe. Von einem Licht zu reden, das nirgends sichtbar ist, ist eine sehr problematische Sache.

Ich unterscheide klar zwischen Hoffnung und Illusion. Es ist unredlich, einem Menschen Illusionen zu machen, nur damit die Wahrheit nicht ganz so hart klingt. Illusionen, das sind Wunschfantasien, schöne Traumwelten, die irgendwann zerplatzen wie Seifenblasen. Klar, ich mache mir selbst auch manchmal Illusionen. Dabei weiss ich vielleicht nicht, dass es unrealistische Träume sind, aber ich ahne es.

Ich denke an einen Patienten, der aus dem ärztlichen Gespräch kommt, in dem man ihm mitgeteilt hat, dass die Therapiemöglichkeiten ausgeschöpft sind und dass er jetzt nur noch palliativ behandelt werden kann. Man wird alle Mittel anwenden, um Schmerzen zu bekämpfen, Angst und Atemnot, aber man wird keine weitere Chemotherapie verordnen. Kaum eine Stunde später erzählt mir dieser Patient, dass er sich bald erholt haben wird und plant, dann mit seiner Frau in die Ferien zu verreisen. Eine völlige Illusion, und ich zerstöre sie ihm nicht. Aber ich weiss, er braucht sie, weil er die harte Wahrheit nicht erträgt. Der Nachteil: Solange ein Mensch sich in Illusionen wiegt, kann man mit ihm nicht über Hoffnung reden. Das ist dann wohl eine dritte Erkenntnis: Hoffnung hat unbedingt etwas mit Wahrheit zu tun.

Hoffnung verträgt keine Beschönigung. Über Hoffnung zu reden, ist also ein eher hartes Geschäft. Jede Form von Zuckerguss ist ein Feind der Hoffnung. Hoffende Menschen sind unbedingt Realisten. Hoffnung gibt es nur mit offenen Augen.

Schmerzlicher Trost: Psalm 126

Ich möchte Sie einladen, den 126. Psalm einmal aufmerksam zu lesen, denn er ist ein echter, wunderbarer Hoffnungspsalm:

«Als der Herr das Los der Gefangenschaft Zions wendete,
da waren wir alle wie Träumende.
Da war unser Mund voll Lachen
und unsere Zunge voll Jubel.
Da sagte man unter den andern Völkern:
‹Der Herr hat an ihnen Grosses getan!›
Ja, Grosses hat der Herr an uns getan.
Da waren wir fröhlich.

Wende doch, Herr, unser Geschick,
wie du versiegte Bäche wieder füllst im Südland.
Die mit Tränen säen,
werden mit Jubel ernten.
Sie gehen hin unter Tränen
und tragen den Samen zur Aussaat.
Sie kommen wieder mit Jubel
und bringen ihre Garben ein.»

Zuerst greift der Psalm auf eine alte Erfahrung zurück, die Befreiung aus der babylonischen Gefangenschaft: Da waren wir alle wie Träumende, konnten es kaum glauben, wie der Herr das Los der Gefangenschaft Zions wendete. Sich daran erinnernd, gewinnt der hoffende Blick in die Zukunft Kraft. Und das ist dann der zweite Teil des Psalms: «Die mit Tränen säen, werden mit Jubel ernten.»

Dieses Bild erzählt uns von Hoffnung, ohne dass dieses Wort überhaupt vorkommt. Dabei wird sichtbar:

Die Tränen werden nicht geleugnet, abgewischt oder für überflüssig erklärt. Das Leiden wird nicht beschönigt. Mit offenen Augen wird das Schlimme, das da erlitten wird, gesehen, erkannt und anerkannt. Was schlimm ist, das muss auch schlimm heissen.

Der Wert der Tränen

Dass die Menschen weinen, das soll sie nicht daran hindern, zu säen. Ein wunderbares Bild: mit Tränen säen. Trauernd an eine Zukunft glauben, das ist glaubwürdige Hoffnung. Vielleicht sind gar die geweinten und gesehenen Tränen notwendiger Dünger für die Aussaat zukünftigen Lebens.

Hier ist zusammengebracht, was zur echten Hoffnung gehört: die Wahrheit der leidenden Gegenwart und der Mut, auf eine Zukunft hin zu handeln, von der man noch nichts weiss. Die Kraft dazu kommt aus der Erinnerung an erlebte Rettung und Bewältigung. Sie ist ein Aufrufen der Ressourcen, gerade auch der Ressourcen des Glaubens.

Hoffnung bleibt ein Geschenk und ist nicht herstellbar. Wo sie aber aufblüht, da wird der Weg frei für eine neue Art der Weltsicht. Nicht um Optimismus geht es dann, sondern um den Wert selbst der letzten Lebenstage. Die Hoffnung kann zu einer neuen Sicht führen auf das eigene Leben und zu neuer Begegnung mit anderen Menschen und auch mit Gott. Ich will noch einmal einen Patienten zitieren, der zu mir gesagt hat: «Ich habe gar nicht gewusst, was ich bisher verpasst hatte. Diese Tage, in denen ich weiss, dass ich bald sterben werde, gehören zu den wertvollsten meines ganzen Lebens.» Das ist eine unerwartete Ernte, eine Ernte voll Dankbarkeit.

Wie kann ich glaubwürdig von Hoffnung reden bei Menschen in Not? Das klare Benennen der Not und ihrer

Folgen ist Bedingung. Denn wo die Wahrheit nicht ausgesprochen werden darf, da gibt es keine Hoffnung. Und wo Tränen verboten sind, da gibt es keine Hoffnung. Wo hingegen geweint wird und wo die Tränen gesehen werden, da wird der Boden für das Geschenk der Hoffnung bereitet.

«Ein wunderbares Bild: mit Tränen säen. Trauernd an eine Zukunft glauben, das ist glaubwürdige Hoffnung.»

Edeltraud Abel, «Den Weg suchen»

MENSCHENNOT IST KEINE STRAFE GOTTES

«Was will Gott mir damit sagen?» Das war die Frage einer Patientin, die mir kürzlich wieder begegnet ist. Ich arbeite zwar nicht mehr im Spital, aber durch meine langjährige Tätigkeit dort kenne ich natürlich viele Menschen und ihre Schicksale. So traf ich zufällig Frau P. wieder, die ich vor wenigen Jahren während einer schlimmen Krebserkrankung begleitet hatte. Sie hatte sich damals erfolgreich gegen die Zerstörungskraft des Tumors wehren können und die nicht weniger aggressiven Therapien tapfer überstanden. Sie war geheilt, so weit sich das feststellen liess.

Will Gott uns quälen?
Nun also treffe ich sie, und auf mein Nachfragen hin beginnt sie zu erzählen. Sie hat einen nicht gerade einfachen Weg gemacht seit ihrem Spitalaufenthalt. Ich will davon nicht detailliert berichten, um ihre Anonymität zu wahren, aber so viel sei doch verraten: Ein ihr sehr wichtiger Mensch ist verstorben, ein Stück ihrer Welt ist weggebrochen. Dieser Mensch hatte ihr in der Zeit ihrer Erkrankung viel Kraft geben können. Danach hat sich auch noch ihr Mann von ihr getrennt, und sie musste ihrem Leben eine neue Ordnung geben. Nun aber erzählt sie das Niederschlagende: Sie habe einen neuen Tumor, einen mit anderer Quelle als der erste. Ein Leben mit Krebs stünde ihr jetzt bevor, weil eine definitive Heilung nicht möglich

sei. Ja, und dann kam dieser Satz, der tief aus ihrer Seele aufgestiegen war, ein Nachtgedanke: «Was will Gott mir damit sagen?» Nichts auf der Welt geschehe doch ohne Einwilligung Gottes. Dass Gott um das Leiden weiss und nichts dagegen tut, ist für viele Menschen schon schwer genug zu verstehen. Aber meine Gesprächspartnerin ertappt sich bei den Gedanken, Gott müsse der Verursacher ihrer Schmerzen an Leib und Seele sein, es müsse eine versteckte Absicht in der Summe der erlebten Katastrophen zu finden sein.

Das Prinzip Sintflut

Ob sie eine Vermutung habe, was Gott ihr sagen wolle, frage ich zurück. Frau P. sagt, eine Botschaft, die in etwa besage, sie müsse lernen loszulassen, habe sie ihren Schicksalen schon entnommen. Dazu wäre aber der neuerliche Tumor nicht nötig gewesen, sie könne nicht verstehen, was sie noch lernen müsse. Oder, fragt sie jetzt, ob Gott sie einfach bestrafen wolle, aber wofür?

Für ein zufällig entstandenes Gespräch sind wir doch eher steil in die Tiefe gegangen, und ausserdem fällt mir eine gescheite Fortführung im Moment nicht ein. Aber weil ich Frau P. nicht einfach so zurücklassen kann, verabrede ich mich für die nächste Woche mit ihr auf einen Tee bei ihr zu Hause. Unterdessen bleibt mir Zeit, über das Gehörte nachzudenken. Es gibt keine einfache Antwort. Klar, es würde sich jetzt anbieten, mit Frau P. über die Fehler ihres Lebens nachzudenken, für die Gott sie nach ihrer Auffassung strafen könnte. Aber einen nachtragenden, kleinlichen Gott kann ich unmöglich verkünden. Gott schlägt nicht, das ist meine Überzeugung. Mir kommt natürlich die biblische Tradition in den Sinn, die durchaus einen strafenden Gott kennt, aber einen Gott, der mehr und mehr Abstand nimmt von machtvollen Aktionen, weil er einsieht, dass der Mensch durch erlebte Gewalt nichts lernt. Das Prinzip Sintflut hat sich nicht bewährt. Die Tradition des Bundes zwischen Gott und Mensch dagegen deutet eintretende Katastrophen als Folge menschlicher Verfehlungen. Damit kann der Verlust der Gottesbeziehung ebenso gemeint sein wie Selbstüberschätzung, Egoismus oder jede andere Störung der gottgegebenen Ordnung. Jedenfalls sind Unglück und Leiden weder Ohrfeigen eines göttlichen Erziehers noch willkürliche Racheakte eines eifersüchtigen Gottes, sondern Konsequenz menschlicher Hybris, Dummheit, was auch immer, gedeutet als Untreue Gott gegenüber. Und die biblische Botschaft heisst: Gott gibt nicht auf.

Zerstörerische Gottesbilder

Allerdings kommt auch schwarze Pädagogik der Bibel vor. Sie erreicht einen dramatischen Höhepunkt im Hebräerbrief (12,6): «Wen der Herr liebt, den züchtigt er; er schlägt mit der Rute jeden Sohn, den er gern hat.» Vielleicht hat Frau P. solche Töne in sich aufgenommen und als unverdauten Brocken in ihrer Seele gelagert. Sehr vielen Menschen geht das so. Dann wäre verständlich, dass sie daran verzweifelt, wenn sie die nun erlittenen Rutenschläge als Zuwendung eines liebenden Gottes deuten sollte. Gott sei Dank sind die väterlichen (oder lehrerlichen oder pfarrerlichen) Züchtigungen aus der Erziehung verbannt und erkannt worden als häusliche Gewalt von Erziehungspersonen, die sich nicht im Griff haben. Mir ist klar: Gott schlägt nicht! Aber was weiss ich von Gott? Ich müsste wohl eher sagen: An einen schlagenden Gott kann und will ich nicht glauben. An den Gott, der den verlorenen Schafen nachgeht, der dem Sünder auch in der letzten Sekunde seines Lebens noch die rettende Hand hinhält und der dem Leidenden näher steht als dem Starken, an diesen Gott Jesu halte ich mich. Und es ist klar: Die Religion der Gewalt ist nicht beendet, und ein Angst machender Gott ist immer noch Teil mancher religiöser Erziehung. Darum muss man darüber reden!

Frau P. habe ich dann ein Bild mitgebracht, über das wir beim Tee gesprochen haben. Es ist das Bild von Johannes dem Täufer aus dem Isenheimer Altar in Colmar. Dieser Johannes, der historisch bereits ermordet war, als Jesus gekreuzigt wurde, steht unter dem Kreuz und weist mit seinem überlangen Finger auf das Lamm Gottes, den «Gott am Kreuz». Mit uns leidet dieser Gott. Wenn wir leiden müssen, ist er uns nahe im gekreuzigten Christus. Könnten wir wirklich an diesen Gott glauben, dann würde sich unsere Fragestellung verändern. Mit schlimmem Leiden will uns Gott weder belehren noch bestrafen. Und doch hat er uns in solchen Situationen etwas zu sagen. Johannes weist auch uns darauf hin: Mit uns liegt Gott im Spital, mit uns ist er einsam, mit uns weint er, wenn wir traurig sind. Und mit ihm gehen wir durch die Kreuzerlebnisse unseres Lebens hindurch ins Leben, wenn wir die Hand Gottes annehmen können.

Mit Frau P. habe ich auf das Alte Testament zurückgegriffen und mit ihr den trostvollen Psalm 23 gebetet: Ich habe keine Angst in den dunklen Schluchten, denn du, Gott, bist ja bei mir.

«Mit uns liegt Gott im Spital, mit uns ist er einsam, mit uns weint er, wenn wir traurig sind.»

CHRISTUS – UNSER VORBILD IN DER EINSAMKEIT UND IN DER ANGST

In einer Zuschrift teilt mir ein Mann, nennen wir ihn Herrn W., mit, er leide an Krebs und die Ärzte hätten ihm eine Lebensperspektive von maximal einem Jahr vorausgesagt. Er schreibt:

«Ich habe mich seither stark mit dem Leiden und dem Tod auseinandergesetzt. Dank meines Glaubens, in dem ich tief verwurzelt bin, kann ich relativ gelassen dem Tod entgegensehen. Was mir jedoch Mühe bereitet, ist das Leiden. Ich werde trotz lindernder Medikamente noch viel zu leiden haben, sagen die Ärzte, und ich werde immer schwächer werden. Davor graut mir. Gott ist im Leiden bei mir, das ist mir ein grosser Trost. Trotzdem: Wenn ich darüber nachdenke, kommt Angst auf. Wie kann ich damit umgehen?»

Ich bin sehr bewegt von der Art, wie mir Herr W. seine Auseinandersetzung mit seiner Krankheit schildert. Offensichtlich ist er ein reflektierender Mensch, und er versteht es, sich in einer präzisen Sprache auszudrücken. Dennoch muss er jetzt erfahren, dass er mit aller Kraft der gläubigen Gedanken das Leben nicht im Griff hat. Ich glaube nun nicht, dass es das Ziel des Glaubens ist, uns für die Angst vor dem Leiden unzugänglich zu machen. Das geht nicht, und alle Legenden – von Sokrates bis zu den Märtyrern – sind verklärend geschönt. Jeder Mensch hat Angst vor Schmerz, Verlust und Tod.

In der Galerie unseres Glaubens gibt es ein Bild, das mich ständig begleitet bei meinen Besuchen im Spital: die Angst Jesu am Ölberg in der Nacht vor seiner Passion. Jesus, unser Lehrer und unser Vorbild im Glauben, hat Blut und Wasser geschwitzt (wir haben dafür heute wohl direktere Ausdrücke, die mit anderen Ausscheidungen zu tun haben). Sein Glaube hat seine Angst nicht verhindert. Im Glauben an die Kraft Gottes aber hat er die Angst ausgestanden und in den Entschluss, in Tatkraft umgewandelt. Jesus hat jeden Gedanken an Flucht abgewiesen und sich entschieden, den Weg der Konfrontation zu gehen. Die Bedeutung seiner Botschaft war ihm das wert.

Hieraus ergeben sich einige Hinweise für den Umgang mit der Angst: Zwischen der Angst und dem Glauben scheint manchmal der verbindende Weg zu fehlen. Das sichere Ufer des Glaubens kann in sehr schönen Worten beschrieben werden, aber ein vom Leiden Betroffener ist nicht (immer) dort. Der Glaube ist eine Vision, eine Verheissung und Hoffnung. Allzu oft aber sind wir auf dem stürmischen Meer, das uns bedroht.

Fünf Schritte aus der Angst
In solchen Momenten fehlt die Sicherheit des Glaubens. Einige nötige Schritte dorthin seien skizziert:

- Sich entschliessen: Sich der Angst bewusst zu werden und sie sich und den Menschen, die man liebt, einzugestehen, ist eine wichtige Voraussetzung. Daraus kann die Entscheidung wachsen, den Weg dennoch zu gehen, den Weg des Lebens, das nicht nur aus Wohlgefühl besteht, sondern auch das Leiden beinhaltet. Das schliesst die Flucht, auch die Flucht in den Suizid, aus.

- Die Fantasien im Zaum halten: Angst ist stets mit der Anwesenheit von Schreckgespenstern verbunden, eine Vorwegnahme der schlimmsten Varianten der Zukunft. Der Leidensweg kann so sein, wie ihn gewisse Ärzte beschreiben. Aber Ärzte sind Statistiker, nicht Hellseher. Das Verharren in Fantasien von dem, was jetzt nicht ist, führt zu einem zusätzlichen Leiden an der Zukunft und zu einem Verlust an Leben in der Gegenwart. Da heisst die korrigierende Frage stets: «Was ist jetzt?»

- Tun, was nötig ist: Ist man in der Gegenwart fest verankert, heisst die nächste Frage: «Was ist jetzt zu tun?» Das Lebensende in den Blick zu nehmen, wird nicht lähmen, wenn ich mir eine Liste von Aktionen mache, die ich jetzt tun kann und will. Dazu gehören die Begegnungen mit Menschen, die mir lieb und wichtig sind, dazu gehören Gespräche über die Zukunftsängste der Angehörigen. Aber auch ganz materielle Elemente wie die Verteilung der Habe gehören dazu. Schreiben wir für unsere Nachkommen gewisse Erinnerungen auf? Suchen wir, wenn das noch möglich ist, bedeutsame Orte unseres Lebens dankbar auf? Vor allem aber: Suchen wir Gründe zum Danken?

- Aufgefangen werden in zärtlicher Berührung: Das Mittel gegen die Angst ist Gemeinschaft. Jesus erhielt am Ölberg von seinen schlafenden Jüngern wenig Unterstützung. Die gehaltene Hand, die Hand auf dem Rücken, der gespürte Mitmensch sind die besten Angstlöser.

- Die Hilfe des Gebets: Nicht nur die Beschwörung der Zuversicht, jedes Ausdrücken der Befindlichkeit vor Gott ist Gebet. In Zeiten der Schwäche helfen eingeübte, vorformulierte Gebete und kirchliche Sakramente, ansonsten eröffnen die freie Rede oder das Entdecken der Psalmworte Zugang zur eigenen Seelentiefe. Vergessen Sie besonders Psalm 23 nicht! Und vergessen Sie nicht, dass das schweigende Verharren vor Gott, das Aushalten der Stille der Königsweg zum Vertrauen ist.

Der Fels, auf den ich sicher trete

Es ist nicht meine Stärke und Absicht, Ferndiagnosen zu stellen und mit Ratschlägen zu therapieren. Das direkte Gespräch ist viel besser. Ich zitiere noch einmal aus dem Brief von Herrn W. Er beschreibt selbst, wie er das Glaubensufer erreicht, in einer Art, der ich nichts hinzufügen möchte.

«Jeder normale Mensch hat Angst vor dem Leiden, den Schmerzen, dem Schwächerwerden und dem Tod. Diese Angst ist da, sie ist real, sie darf nicht verdrängt werden. Aber wir sind nicht allein in dieser Angst! Gott hilft uns, sie zu tragen. Sie wird erträglich. Er ist der Fels, auf den ich sicher trete! Sein Geist, der in mir lebt, gibt mir trotz Angst Boden unter die Füsse, er gibt mir Zuversicht, dass ich nicht verzweifeln muss! Das macht mich ruhig. Es gibt mir die Gewissheit, dass ich auch in der letzten Zeit meines irdischen Lebens und darüber hinaus in seinen liebenden Händen bin.»

Gott segne Herrn W. und begleite ihn wie alle Menschen in Leiden und Angst. Gott schenke den aufgewühlten Seelen Momente des Friedens und den Gesichtern Augenblicke des Lächelns. Gott schenke uns allen die Erfahrung, dass seine Hand uns längst entgegengestreckt ist, wenn wir die unsere hilfesuchend ausstrecken.

«Das sichere Ufer des Glaubens kann in sehr schönen Worten beschrieben werden, aber ein vom Leiden Betroffener ist nicht (immer) dort.»

ICH HALTE AUS,
WEIL ICH GEHALTEN BIN

Die Krankengeschichte vieler Krebspatienten enthält zumeist drei Phasen mit total unterschiedlichen Herausforderungen. Damit verbunden sind auch ganz verschiedene Auswirkungen auf den Glauben.

Als erste Phase bezeichne ich die Zeit vor der Diagnose. Sicher gibt es dank guter Vorsorgeuntersuchungen den zufälligen Befund einer Tumorerkrankung. Öfter aber beobachtet ein Mensch gewisse Veränderungen an sich, die ihm Angst machen. Eine ungewöhnliche Schwellung oder ein Knoten, ein Schmerz, Gewichtsverlust. Die Art, wie damit umgegangen wird, ist sehr individuell. Die einen sind am nächsten Morgen im hausärztlichen Wartezimmer, andere schauen lieber nicht hin und ignorieren, was ihnen Angst macht. Selten erfahre ich, welche Rolle in dieser Zeit der Glaube spielt. Auf mein Nachfragen hin sagt mir eine Patientin: «Das Ziel war, den Normalzustand aufrechtzuerhalten als ob nichts sei, aber der Aufwand, die Angst aus den Gebeten heraus zu halten, wächst wie der Tumor.» Der persönliche Glaube ist in dieser Zeit eher eine Gewohnheit des Alltags, der in möglichst jeder Hinsicht aufrechterhalten bleiben soll.

Kämpfen und Verhandeln

In der zweiten und zumeist wesentlich längeren Phase kämpfen die Menschen, die Kranken gemeinsam mit ihren Angehörigen und den Behandelnden. In dieser Zeit kämpfen aber auch Angst und Hoffnung miteinander. Immer wieder gibt es Zeiten neuer Unsicherheit. Das Warten auf Untersuchungsergebnisse ist zermürbend. Und das Leiden an den aggressiven therapeutischen Methoden der Medizin ist erheblich, wenngleich sehr unterschiedlich. Entsprechend ist der Ausdruck des Glaubens höchst ambivalent. Der eine Impuls ist die Bitte um Kraft, mehr noch, das Erflehen eines Wunders. Und da Bitten ohne Vertrauen nicht als gläubig gelten, suchen gläubige Menschen alle Wege zu Gott mit erhöhter Intensität. Eine Wallfahrt wird unternommen, Kerzen werden angezündet, alle Heiligen mobilisiert, und nicht selten versucht jemand, Gott zu bestechen mit einer finanziellen Vorgabe oder mit einem Gelübde. «Wenn ich gesund werde, dann verspreche ich, dass ich ...»

Zugleich aber ist auch die Empörung gross. «Ich habe doch nichts Unrechtes getan!» Diesen Satz höre ich oft. Es wird als ungerecht empfunden, dass der Krebs auch gute Menschen trifft. In dieser Zeit ist der Glaube in höchster Gefahr. Die Krankheit kann gedeutet werden als Beweis dafür, dass kein Gott ist. Wenn es ihn gäbe, dann müsste er doch den Fehler im System entdeckt haben und ihn korrigieren: «Ich bin doch unschuldig! Oder sollte dieser Gott mich bestrafen wollen?» Diese Frage taucht manchmal auf, und ich weise sie nicht zurück. Ich lasse mir erzählen, was bestrafenswürdig gewesen sein könnte. Wenigstens hier kann ich durch mein offenes Ohr ein wenig Erleichterung bringen. In der Angst tauchen alte Bilder auf, auch das Bild eines strafenden Gottes.

Die Bitte um Unterstützung und das wütende Formulieren von Vorwürfen im Gebet vertragen sich schlecht. Entsprechend ist die Glaubensverfassung eines Menschen jeden Tag wieder anders. Es gibt keine Konstanz. Wer aber nicht aufgibt, diese Ambivalenz aushält und sich selbst anzunehmen lernt in den Zweifeln wie in den Unterwerfungsritualen, der kann zu einer neuen Glaubenstiefe wachsen. Wie aus einem Fegefeuer kann der Glaube in neuer Form auferstehen. Gott scheidet aus als Antwort auf die Warum-Frage. Der Blick geht nicht mehr zurück, der Kranke sucht nicht nach Erklärungen, macht sich und seinem Gott keine Vorwürfe. Vielmehr geht der Blick zum Kreuz, von dem aus ein mit den Leidenden solidarischer Gott Unterstützung anbietet. In der Auseinandersetzung mit der Krankheit, die ja zugleich die Auseinandersetzung mit dem Leben ist, geht Gott, wie ihn das Evangelium Jesu verkündet, den Betroffenen nach. Den Leidenden bietet er die Kraft zum Kämpfen, den Ängstlichen einen Halt in der Nacht, im Schmerz ist er Trost. Immer unter der Voraussetzung, dass der Glaube diese Kampfzeit überlebt.

Annahme und Hingabe

Die dritte Phase tritt dann ein, wenn die therapeutischen Mittel verbraucht sind. Manche Krebserkrankung kann eben nicht wirklich geheilt werden, und dann ist das unvermeidliche Ende durch den Tod nicht länger hinauszuschieben. Der Onkologie ist eine grosse Wirksamkeit zu attestieren: Viele Patienten leben lange und mit guter Lebensqualität mit ihrem Krebs, auch wenn am Ende der Tod zum Schicksal wird. Aber das wird er ja auch für die Nicht-Krebskranken.

In dieser Zeit geht der Hingabe die tiefste Nacht der Verzweiflung voraus. Es ist kaum möglich, das Licht der Hoffnung vorwegzunehmen, bevor die Nacht hereingebrochen ist. Was im Gespräch Theorie war, das wird jetzt zutiefst geprüft. Ölberg-Angst wird durchlebt, Todesgewissheit und Ausweglosigkeit. Die Zeit des Sterbens dauert und schwankt zwischen Aufstand und Depression, zwischen Annahme und Verweigerung. Das gilt auch für den Glauben. Es gibt kein Rezept und keinen Trick. In der Todesnähe ist der Mensch allein, trotz aller menschlichen Begleitung und Fürsorge, allein mit seinem Gott. Und niemand kann ihm das letzte Gebet abnehmen, das die Seele haucht: «Vater, in deine Hände lege ich meinen Geist.» Dann ist durch den Glauben das Leben zur Erfüllung gekommen.

Natürlich ist diese Beschreibung der Glaubensentwicklung in der Krankheit eine Verallgemeinerung, die niemals so für das Einzelschicksal stimmt, aber ich erkenne in den Erzählungen der Kranken und den Schilderungen ihrer Gefühle gewisse Gemeinsamkeiten. Die lassen mich erwarten, dass auch mir der Zugang zur letzten Hingabe gelingt, falls mir der Verlauf meiner eigenen Krankheits- und Sterbegeschichte die Zeit dazu lässt. Sicher ist aber, dass die Erfahrung des Getragenseins in allen Lebensumständen, der Glaube an die Sicherheit der Liebe Gottes hilft, das Ende geduldig abzuwarten, Leiden zu ertragen und den Tod als Eingang in die Vollendung anzunehmen.

«In der Auseinandersetzung mit der Krankheit, geht Gott,
wie ihn das Evangelium Jesu verkündet, den Betroffenen nach.»

MIT SCHULD UMGEHEN

*Wie die Kette der Schuld zurück in die
Finsternis Gottes führt, so beginnt das
Licht der Vergebung in der gleichen
nicht durchschaubaren Dunkelheit.*

Edeltraud Abel, «Der Hahnenschrei»

WIE GEHE ICH UM MIT MEINER SCHULD?

Ein alter Mann, Herr O., liegt in kritischem Zustand im Spital. Sein Herz ist unzuverlässig geworden. Mal schlägt es regelmässig, dann ist es deutlich zu langsam. Es könnte plötzlich zu schlagen aufhören, befürchtet der Patient. Natürlich gibt es die Diskussion über den Einsatz eines Schrittmachers. Das sei aber nicht sein wirkliches Problem, meint der geistig sehr wache Mann im Gespräch mit dem Seelsorger. Er sei doch alt, es sei eigentlich recht, wenn er bald stürbe. Und vor dem Tod habe er keine Angst. Aber da sei eine andere Frage im Vordergrund, die plage ihn seit langer Zeit. Und dann erzählt er mir von einer heftigen Auseinandersetzung mit seinem Bruder. Es sei um die Erbteilung gegangen und die Übernahme des elterlichen Betriebs. Schlussendlich habe er seinen Bruder nicht ausbezahlt, dieser sei ins Ausland gegangen und habe den Kontakt abgebrochen.

Klebstoff der Scham

Ich höre aufmerksam zu. Nicht selten werden alte Menschen, zumal wenn sie die Todesnähe so deutlich spüren, geplagt von den ungelösten Geschichten des Lebens. Gelungenes kann man gut loslassen, aber die Geschichten, deren man sich schämt, die haben Klebstoff. Sie hängen fest im Keller der Seele, und es gelingt nicht, ein Häkchen der Annahme und des Loslassens dahinter zu setzen: Sie sind eben nicht erledigt. Versöhnungsarbeit ist zu leisten.

Aber dann kommt der Zusatz: Der Bruder des Patienten ist unterdessen im Ausland verstorben. Es gibt keine Chance mehr, ihm physisch die Hand zur Versöhnung zu reichen. Und es entsteht die Frage: Wie lebe ich mit einer Schuld, die ich nicht wiedergutmachen kann?

Schuld und Entschuldigung

Natürlich sind wir versucht zu sagen: «Das fällt ihm aber spät ein.» Doch Schelte hilft dem Patienten nicht weiter. Sie wirft ihn nur zurück auf seine Schuld und lässt ihn damit wieder allein. Die Einsicht kommt spät, in gewissem Sinn zu spät, aber sie kommt, Gott sei Dank. Herr O. hat das undeutliche Bewusstsein seiner Schuld jahrzehntelang mit sich herumgetragen. Immer, wenn er durch seine Firma ging, spürte er, dass er seinem Bruder etwas schuldig war. Aber er hat, so gut es ging, weggeschaut, hat sich ums Tagesgeschäft gekümmert. Es gab viele Gründe, den Konflikt ruhen zu lassen.

Sich mit eigener Schuld zu befassen, braucht immer Mut. Meist sind die Ausreden zahlreich, und die Angst vor dem Eingeständnis des Unrechts ist grösser als der Leidensdruck durch das ungelöste Schuldproblem. Am Ende ist die Bank, auf die diese Frage geschoben wird, so lang, dass das Gegenüber verstorben ist. Eine natürliche Problemlösung? Eben nicht. Der tote Bruder hat die Schuld nicht mitgenommen oder getilgt. Im Gegenteil: Er verweigert nun endgültig die Entschuldigung. Wie kann man sich bei Toten entschuldigen?

Denn apropos Entschuldigung: Der rechtzeitig gesprochene, aber falsch verstandene und darum auch falsch ausgedrückte Satz heisst oft: «Ich entschuldige mich!»

Dabei ist das Unsinn. Ich kann mich nicht entschuldigen, ebenso wenig, wie ich mich am eigenen Schopf aus dem Sumpf ziehen kann. Die Entschuldigung kann immer nur vom Gegenüber kommen, das meine Einsicht und mein Schuldeingeständnis annimmt und mich deshalb entschuldigt. Es kann nur heissen: «Ich bitte um Entschuldigung!» Das ist die eigentliche Dynamik der Schuld. Sie bindet den Täter an sein Opfer, und nur dieses hat den Schlüssel, um ihn aus seiner Schuldverhaftung zu befreien. Der Täter kann um Entschuldigung bitten, aber bis diese Bitte angenommen wird, muss er warten ... und schmoren ... und erinnern ... und leiden. Übrigens gilt diese Dynamik auch für Frauen, obwohl ich hier männliche Wortformen verwende.

Was also, wenn das Opfer nicht antwortet? Es gehört zu den schlimmen Erfahrungen, mit ausgestreckter Hand und Wiedergutmachungsbereitschaft stehen gelassen zu werden. Das Opfer braucht Zeit, der Schuldige ebenfalls, Heilung auf Kommando gibt es nicht.

Entlastung durch Tränen

Aber zurück zu Herrn O. Leben konnte er offenbar mit seiner Schuld, aber sterben kann er so nicht. Leben heisst verdrängen oder büssen, zur Sprache bringen, bearbeiten, eingestehen, beichten. Und ich weise Herrn O. darauf hin, dass er heute lebt, auch wenn er sich vielleicht in seiner Sterbezeit befindet. Und ich ermutige ihn zur Auseinandersetzung. Ich lobe seinen Mut, dass er sich wenigstens heute zu seiner Schuld bekennt. Seinem Bruder kann er nicht mehr erklären, wieso er damals so gehandelt hat, und von seinem Bruder wird er das Wort des neuen Friedensschlusses nicht mehr hören, jedenfalls nicht mit den Ohren seines Leibes.

Was jenseits der Todesgrenze geschieht, Versöhnungsarbeit im Fegefeuer, Wiederherstellung von Gerechtigkeit in einem letzten Gericht: Ich hoffe, dass es so etwas gibt. Die Vorstellung, in Ewigkeit auf der Lebensschuld sitzen bleiben zu müssen, wäre die Hölle. Und ebenso unerträglich ist die Vorstellung, Tat und Untat würden schlicht gelöscht und vergessen. Da kommt mir die Zeile von Kurt Marti in den Sinn: «Das könnte manchen herren so passen / wenn mit dem tode alles beglichen / die herrschaft der herren / die knechtschaft der knechte / bestätigt wäre für immer ...»

Ich mache es Herrn O. nicht leicht. Ich sage nicht: «Das sind doch alte Geschichten» oder «Der Bruder hat Ihnen in der Ewigkeit längst vergeben». Ich sage: «Erzählen Sie mir von damals, von Ihrer Beziehung zu Ihrem Bruder, von Ihrem Verhältnis zum Vater.» Und ich frage: «Wie würden Sie, wenn Ihr Bruder noch lebte, ihm gegenüber heute Ihre Einsicht ausdrücken? Wie würden Sie ihm Ihre Gefühle beschreiben? Welche Wiedergutmachung würden Sie ihm vorschlagen? Wie würden Sie ihn um Entschuldigung bitten?» In gewissem Sinn mache ich mich zum Stellvertreter des Bruders, bleibe am Bett des Kranken, halte aus, wo der Bruder weggereist und weggestorben ist.

Wenn Herr O. auf dieses Gespräch einsteigt, dann wird es ihn Scham und Tränen kosten. Und ich werde ihm diskret das Nastuch reichen. Diese Tränen sind ein Geschenk, denn sie reinigen die Seele, und sie sollen fliessen dürfen, geschützt, aber auch gesehen. Die einsamen Tränen der Nacht entlasten, das ist wohl wahr, aber die gesehenen Tränen, die heilen. Ich als Stellvertreter des Bruders sehe die Tränen. Ob genug geweint ist, merkt der Gequälte an der Erleichterung, an der Stille des Friedens in seiner Seele und an seiner Bereitschaft, konkret etwas zu tun, das seine Bussbereitschaft glaubwürdig macht.

Dann ist es Zeit für das Gebet. Wo die Arbeit getan ist, da darf der Mensch Gott um den Segen bitten. Auch wenn ich kein Priester bin: Diese Beichte ist ein Sakrament, und Gott wird dem Menschen die Vergebung nicht verweigern, dem ich sie von Herzen gern ausspreche.

«Ob genug geweint ist, merkt der Gequälte an seiner Bereitschaft, konkret etwas zu tun.»

UND FÜHRE UNS NICHT IN VERSUCHUNG

Die Worte, die wohl alle christlichen Kirchen und Konfessionen vereinen, sind nicht dogmatischer Natur. Die Bekenntnisse mögen sehr unterschiedlich sein, die Strukturen der Religion sind es noch viel mehr. Die verbindenden Worte aber finden sich im Gebet Jesu. Das ist für mich eine tröstliche Feststellung. Da kann sich die christliche Welt zerstreiten über Formulierungen in Glaubensfragen, da mag man unterschiedlicher Auffassung sein über die Absichten Jesu und die Bedeutung seiner Handlungen. Die verbindende Mitte des christlichen Glaubens aber ist und bleibt das Gebet. Das Beten hat uns Jesus selbst nicht nur vorgemacht, indem er selbst gebetet hat, allein und mit andern, er hat uns sogar das richtige Gebet vorgesprochen wie Kindern, die Beten eben lernen müssen. Tatsächlich haben die meisten von uns in den Kindertagen das Vaterunser oder Unservater gelernt, und noch auf dem Sterbebett gehören diese Worte zum Grundbestand der gelebten christlichen Gottesbeziehung. Gott als «unseren Vater» anzusprechen, ist bereits ein Glaubensbekenntnis. Von der Herkunft der Glaubenden («Vater») wird ebenso gesprochen wie von ihrer Gemeinschaft («unser»), von der liebevollen Beziehung ebenso wie von der Allmächtigkeit.

Vaterbild, Vaterbilder

Und dennoch ist dieser reiche Schatz nicht ohne Tücken. Dass die Mutter hier ausgelassen ist als der nährende Ursprung, sei nur am Rand erwähnt. Über die verschiedenen Vaterbilder und die Erfahrungen mit Vätern mischen sich auch unterschiedliche Nebengeräusche in das Gebet. Längst nicht jeder Vater ist und war zuverlässig, liebevoll, Grenzen achtend, fördernd, loslassend und überhaupt anwesend. Durch diese biografische Nebengeräusche füllt sich auch das Gottesbild mit mancherlei Ambivalenz, folglich oft auch mit dem Warnschild: Vorsicht Vater!

In meinen Gesprächen am Krankenbett taucht mit einiger Regelmässigkeit eine Irritation auf, die sich an der vorletzten Zeile des christlichen Gebets entzündet: «... und führe uns nicht in Versuchung ...» Was ist das denn für ein Vater, der seine Kinder testet, in Versuchung führt? Gibt es tatsächlich einen Gott, den man ausdrücklich bitten muss, uns nicht in Gefahr zu bringen? Wie verträgt sich solche Versuchung mit der Fürsorglichkeit, von der im Evangelium, insbesondere in der Bergpredigt Jesu, die Rede ist? Und wie kann ich einem Gott vertrauen, von dem ich annehmen muss, dass er mich, aus welchen Gründen auch immer, in Versuchung bringt? Es ist klar, dass die Gebetszeile tausend Mal im Rhythmus der Worte gesprochen wird, im Takt der Gottesdienstgemeinschaft. Liegt aber jemand erst einmal mit Angst im Krankenbett, dann kommt er rasch ins Stocken, ins Nachdenken. Was bedeutet das, was ich da seit Jahren spreche? Meine ich, was ich sage? Und was sage ich da eigentlich?

Führe uns nicht in Versuchung

Von Versuchung ist die Rede. Versuchung ist wohl, wenn ich jemandem etwas Verbotenes lockend unter die Nase halte. Wird er standhaft bleiben? Das Verbot kann durchaus von innen kommen. Ich möchte zum Beispiel fasten, möchte anders leben, als ich es gewohnt bin. Kommt nun einer und verführt mich absichtsvoll, dann bin ich Opfer einer Gemeinheit. Die eigentliche Versuchung besteht darin, mich zurückwerfen zu lassen in die gewohnten Bahnen, auf dass ich sage: Es geht ja doch nicht. In jedem, der der Versuchung erliegt, wächst Enttäuschung. Die Folgen sind Mutverlust und Hoffnungslosigkeit.

Von welcher Versuchung ist wohl im Vaterunser die Rede? In Momenten der Krise kann wohl rasch die Frage auftauchen, ob denn der himmlische Vater wirklich so gut für seine Kinder sorge. Hätte er da nicht diesen Unfall oder jene Erkrankung verhindern sollen, ja müssen? Und es kann noch schlimmer kommen: Wo ist die zuverlässige himmlische Hilfe, wenn den Kindern Vater und Mutter sterben oder den Eltern das Kind? Die Versuchung ist gross, in solchen Momenten den Glauben für einen Irrweg zu halten. Manchmal scheint es stimmiger, anzunehmen, die Welt sei ein grausames Chaos als das Werk eines sorgenden Vaters. Die Versuchung, den «Vater» über Bord und sich selbst der Heimatlosigkeit, der Vaterlosigkeit und Hoffnungslosigkeit in den Rachen zu werfen, ist gross. Tatsache ist, dass der Glaube durch ein hartes Schicksal herausgefordert wird. Wie soll man einem Menschen, der eine schlimme Erfahrung nach der anderen macht, von unserem liebenden Vater im Himmel reden? Wird er oder sie diesen liebenden Gott nicht eher schelten wollen, vielleicht gar auf diesen Gott schimpfen? Am Sterbebett ihres Vaters habe ich die zwanzigjährige Tochter vom «verdammten Gott» reden gehört. Ist das die Versuchung, in die Gott uns nicht führen möge?

Gott als Versucher?

Ich verurteile niemanden, der erbittert mit diesem Gott hadert, im Gegenteil. Gerade der Ausdruck der Verzweiflung, der ohnmächtigen Angst, der abgrundtiefen Trauer und der überschäumenden Wut darf an Gott gerichtet sein. Tragisch wird es, wenn ich ganz aufhöre, mit diesem Gott zu streiten. «Falls es einen Gott gibt, interessiert er sich nicht für mich.» Das ist der Moment, in dem der Glaube zu verschwinden droht. Im Gespräch zu bleiben mit diesem Gott, ihm zu sagen, was ich von ihm halte, mit ihm zu kämpfen wie Jakob am Jabbok bis zum Morgengrauen (Gen 32,23–33), das ist das Ringen um die Hoffnung und das Bestehen in der Versuchung.

Bringt nicht auf diese Weise Gott selbst die Hoffnung und den Glauben in Gefahr? Stiftet Gott nicht selbst zum Glaubensverlust und zur Sünde an? Die Bilder, die auftauchen, sind alt. Da ist die Schlange des Paradieses: Ist nicht gerade sie ein besonders kluges Geschöpf Gottes? Wir denken an Abraham, der seinen Sohn Isaak opfern sollte – im Auftrag Gottes. Ging es um die Versuchung, sich der Zumutung Gottes zu verweigern? Oder bestand die Versuchung gerade darin, blind im Namen der Religion den eigenen Sohn zu opfern? Dann hätte gerade ein sich verweigernder Abraham der Versuchung widerstanden und gesiegt. Oder Hiob, den der Teufel mit göttlicher Billigung plagt, um zu testen, ob er ihn durch Verlust und Schmerz nicht doch vom Glauben abbringen könne? Bis hin zu Goethes «Faust», der mit himmlischer Billigung in Versuchung geführt wird, seinen Weg des Suchens zu verlassen und sich im Haben zu etablieren.

Die Versuchungsgeschichten sind allesamt tiefgründige Seelengeschichten: So ist das eben mit der menschlichen Erfahrung. Dabei steht nicht die Frage im Vordergrund, ob Gott nun der Urheber der Infragestellung ist. Wichtiger ist die Frage, ob das Vertrauen in einen gütigen und anwesenden Gott die Erfahrung des Verlusts, der Niederlage und des Schmerzes aushält oder ob es zerbricht. Gott testet keine Menschen. Er führt nicht in Versuchung und prüft nicht durch Schicksalsschläge. Gott schlägt überhaupt nicht. Vielmehr hilft Gott aufstehen, wenn das Leben, wenn Gewissenlosigkeit anderer, institutionelle Ignoranz oder verbrecherische Gewalt uns entreissen, was uns das Liebste ist. Und das geschieht oft, am Ende gar unvermeidlich.

So bleibt wohl der Satz des Vaterunsers ohne wirklich gelungene Übersetzung. Er könnte heissen: «... und verlass uns nicht in der Versuchung» oder « ... stärke uns in der Versuchung». Sicher aber kommt die Versuchung, den Vater im Himmel als Wunschfantasie abzutun, wenn das Leben weh tut. Dann möge Gott uns in den Arm fallen wie dem Abraham und uns daran hindern, zu einem Menschen zu werden, der sein Liebstes, seinen Glauben, sich selbst zerstört.

«Das Beten hat uns Jesus selbst nicht nur vorgemacht, er hat uns sogar das richtige Gebet vorgesprochen wie Kindern.»

Edeltraud Abel, «Zwiesprache»

LEBEN WIR IM ALTER AUF KOSTEN UNSERER KINDER?

Natürlich freuen sich viele Menschen, aus dem Erwerbsleben aussteigen zu können, nicht mehr mit den Jüngeren mithalten und über ihre Kräfte leben zu müssen. Sie haben gerne mehr Zeit für ihre Enkelkinder, für das Reisen, lesen gern ein gutes Buch ohne Schuldgefühle. Das sind erfreuliche persönliche Gestaltungswünsche. Aber es stellen sich auch andere Fragen ein, solche, die auf gesellschaftliche Mitverantwortung zielen. Sie können andere Gefühle erzeugen.

Auf Kosten der Jungen?
Ein Mann, Herr M., ist bei einem Sturz mit dem Velo verletzt worden und hat nun in der orthopädischen Klinik reichlich Zeit zum Nachdenken. Er verrät mir, dass sein Sport auf dem Velosattel stattfindet und dass er bald Zeit haben wird, um ausgedehnte Passfahrten unternehmen zu können. Er ist sportlich-rüstig, und seine Pläne sind wohl keine Luftschlösser. Aber es beschäftigen ihn andere Fragen.

«Bislang bin ich beruflich aktiv gewesen, habe teilgenommen am wirtschaftlichen Geschehen, und ich habe einen rechten Beitrag geleistet, um unsere Sozialkassen zu füllen. Nun wechsle ich die Seite. Ich erhalte die mir zustehende AHV-Rente. So angenehm das auch ist, ich habe ein ungutes Gefühl dabei.» Herr M. schildert mir, wie ihn der Gedanke belastet, zu der grossen Schar der Älteren zu gehören, die den Jüngeren zumuten, mit ihren Beiträgen diese vielen Renten zu finanzieren. «Ich finde schon, dass ich das verdient habe», meint er, «aber haben die Jungen verdient, dass sie eine so grosse Last schultern müssen?»

Herr M. denkt an das Bild eines Gletschers, der eine Nähr- und eine Zehrzone hat. Oben wird die Eismenge aufgebaut, die dann langsam ins Tal fliesst und dabei im unteren Abschnitt schmilzt. Wenn das Verhältnis von Eisneubildung und Abschmelzen im Gleichgewicht ist, dann ist alles in Ordnung. Wenn aber plötzlich viel mehr Eis wegschmilzt, dann ist der Gletscher in Gefahr, und er wird zur Gefahr. So ähnlich sieht Herr M. den Wandel der Alterspyramide. «Um es auf den Punkt zu bringen: Verbrauchen wir nicht die Welt unserer Kinder? Überfordern wir sie nicht mit unseren Ansprüchen? Und vererben wir ihnen nicht eine übergrosse Last?» Diese Fragen trüben seine Vorfreude auf das Pensionierungsalter.

Immer für andere gesorgt

Ich bringe dieses Gefühl im Gespräch mit Herrn M. direkt zur Sprache: «Sie entwickeln Schuldgefühle dafür, dass Sie ins Pensionierungsalter kommen?» Er bestätigt. Er hat viel für andere gesorgt, hat nie für seinen eigenen Wohlstand gearbeitet, sondern immer dafür, dass die Familie genügend Sicherheit hat. Den Kindern hat er Ausbildungen finanziert, hat sogar ordentlich mithelfen können, dass sie ein Haus bauen konnten. Mit der Rolle des Verdieners hat er viel Erfahrung, als Rentner aber kennt er die Welt nicht. Er kommt sich plötzlich vor wie ein Profiteur, ein Nutzniesser, einer, der bezieht ohne Gegenleistung.

Meinen Hinweis, dass er ja in seinen vielen Berufsjahren eine grosse Leistung erbracht hat, von der er nun zehrt, lehnt er ab. Das sei ja das Prinzip seiner Pensionskasse, meint er. Da erhalte er, was er erarbeitet habe, wenn auch ohne eine zeitliche Begrenzung. Aber mit der AHV sei das doch etwas anderes. Andere müssten arbeiten und einzahlen, damit er etwas bekommen könne. Ich stimme ihm zu und finde, er habe ein grosses Verantwortungsgefühl.

Die Antwort einer gerechten Gesellschaft kann nur sein, dass die schwächsten Mitglieder in solidarischer Fürsorge mitgetragen werden. Niemand darf auf eigene Rechnung schaffen, ohne mit den anderen den Wohlstand zu teilen. Und das gilt ja so im System der sozialen Verantwortung hierzulande, auch wenn manchmal über das rechte Mass gestritten wird.

Seit diesem Gespräch mit Herrn M. höre ich noch aufmerksamer die Nachrichten und lese die Printmedien, um zu merken, wann das Älterwerden zu Schuldgefühlen führen könnte. Und ich muss sagen: Ich werde jeden Tag fündig. Meist hängt es natürlich an den Finanzen. Niemand hat voraussehen wollen, dass wir einmal so lange Renten und Pensionskassengelder beziehen wollen. Niemand hat berechnen wollen, wie viele Pflegeplätze in Zukunft benötigt werden und was das kosten wird. Es gibt bereits Aggressionen gegenüber dem teuren Alter und den Alten, die Leistungen beanspruchen und Kosten verursachen. Die Ebene der gesellschaftlichen Diskussion schlägt manchmal durch auf die Gefühle der sensiblen Einzelnen, die niemandem eine Last werden wollen.

Nicht mit Geld aufzuwiegen

Ich komme zurück zu Herrn M. und seiner Frage nach seinem Wechsel vom Schaffen zum Verbrauchen. Ich mache ihn darauf aufmerksam, dass es verschiedene Arten gibt, seinen Beitrag zum Wohl aller zu leisten. Vielleicht ist er zu sehr daran gewöhnt, nur die mit Geld aufgewogenen Leistungen wahrzunehmen. Möglicherweise hat er andere Leistungen, etwa die seiner Frau und all derer, die in den Familien tätig sind, für sich ausgeblendet.

Ich biete ihm folgenden Gedanken an: Seine Rente könnte ihn befreien vom Zwang, sich nur profitabler Arbeit zuzuwenden. Seine neue Freiheit könnte ihn befähigen, äusserst wichtige Beiträge im Nährgebiet seines Gletschers zu erbringen. Ob er nun die ehrenamtlichen Dienste in seiner Familie, in der Kirche, im sozialen Umfeld oder im Dienst an der Natur erbringt, ist gleichgültig.

Für Herrn M. verändert sich die Welt. Er muss lernen, wir alle müssen lernen. Wir müssen Regeln so anpassen, dass nicht die Schwächsten unter unausgesprochenen Vorwürfen zu leiden haben. Regeln und Bedingungen verändern sich, die Werte aber bleiben. Und der Wert bleibt, den ein Mensch hat, gesund oder krank, jung oder alt, jenseits aller Leistung.

«Die Antwort einer gerechten Gesellschaft kann nur sein, dass die schwächsten Mitglieder in solidarischer Fürsorge mitgetragen werden.»

NEUE LIEBE OHNE SCHULDGEFÜHLE

Alles begann mit einem harmlosen Besuch. Ich wollte einer Dame, deren Mann ich vor einiger Zeit beerdigt hatte, zu ihrem siebzigsten Geburtstag zu gratulieren. Sie freute sich sichtlich über mein Erscheinen und nahm die Glückwünsche gern entgegen. Beim Kaffee, den sie mir offerierte, kamen wir auf die Beerdigung ihres Mannes zu sprechen. Sie denke oft daran zurück und finde Trost in der Tatsache, dass so viele Menschen gekommen seien. So habe sie sich gut von ihrem Mann verabschieden können.

Ob sie denn jetzt häufig an ihren Mann denken müsse, frage ich sie. «Natürlich», meint sie, und manchmal rede sie auch mit ihm, allerdings sei das in letzter Zeit seltener geworden. Das müsse sie nicht weiter beunruhigen, finde ich, der Tod ihres Mannes liege ja bald ein Jahr zurück, und da habe sich bestimmt langsam ein neuer Lebensstil herausgebildet.

Neue Unabhängigkeit als Chance

Frau F. druckst ein wenig herum. Ich merke ihr an, dass sie etwas auf dem Herzen hat. Ich frage sie, was ihr helfe, ohne die Unterstützung ihres Mannes zurechtzukommen. Und das fasst Frau F. als Einladung zum Sprechen auf und vertraut mir an, dass sie einen anderen Mann kennengelernt habe. Sie habe gar keine neue Beziehung gesucht, vielmehr sei ihr die neue Unabhängigkeit als eine Chance erschienen.

Das kann ich gut nachvollziehen. Frau F. berichtet, dass sie sich in der Seniorenuniversität eingeschrieben habe und höchst interessante Vorlesungen besuche. «Ich konnte in meiner Jugend nicht studieren, da habe ich die Gelegenheit genutzt, wenigstens jetzt etwas davon nachzuholen.» Dabei ist sie mit einem Mann ins Gespräch gekommen, der ebenfalls allein im Leben steht, nachdem ihm vor einigen Jahren die Frau gestorben ist. Es sei einfach gut für sie gewesen, mit jemandem reden zu können, der nicht aus der Welt der «Verpaarten» stamme. Sie gebrauchte dieses Wort und meinte, wenn man verwitwet sei, dann scheine plötzlich die ganze Welt nur noch aus Paaren zu bestehen. Man traue sich kaum noch, irgendwo Anschluss zu suchen. Das mache einerseits einsam, andererseits aber auch wütend, weil man sich plötzlich so unwert vorkomme in einer Welt, in der «Normale» stets zu zweit aufträten.

Verbunden mit zwei Männern
Ich bestätige ihr, dass ich Ähnliches schon öfter von Frauen und mehr noch von Männern gehört habe, frage Frau F. aber, wie die neue Bekanntschaft ihre Lage verändert habe. Ja, der Mann sei wirklich nett und verständnisvoll. Sie könne gut mit ihm reden. Und er sei zwar offen für eine neue Partnerschaft, aber er sei nicht auf «Brautschau». Wieder gebraucht Frau F. einen Ausdruck, der mir auffällt. Was will sie mir sagen?

Ob ich denke, ihr Mann sei damit einverstanden, dass sie Kontakt zu einem anderen Mann habe, fragt sie nun endlich unumwunden. Da ist es also heraus, was sie quält. Ich frage sie, ob sie meine, sie brauche die Erlaubnis ihres verstorbenen Mannes, um nicht länger allein zu sein.

Frau F. wirkt ganz sicher, wenn sie betont, ihr Mann wolle sicher nicht, dass sie vereinsame, und sie habe ihn in abendlichen Stunden geistig auch schon oft gefragt. Aber irgendwie komme es ihr doch seltsam vor, dass sie zwei Männern verbunden sei. Mit dem einen sei sie nicht mehr zusammen, mit dem anderen, na, da wisse man noch nicht, was daraus werden könne.

Frau F. muss aus sich selbst heraus die Freiheit finden, eine neue Partnerschaft ohne schlechtes Gewissen einzugehen und zu gestalten, geht mir durch den Kopf. Ich frage sie deshalb, ob sie ihn denn schon einmal ihren Kindern vorgestellt habe. Wenn man jung sei, dann müsse man den Freund den Eltern vorstellen, im Alter halt den Kindern. Vorgestellt nicht, sagt sie, sie wolle eben auch keine falschen Vorstellungen wecken. Aber über ihn gesprochen habe sie mit ihrer Tochter. Die habe gesagt, dass Papi vom Himmel aus sicher seine Zustimmung geben würde, sie selbst fände das ganz natürlich. Und so ist das Gespräch noch eine Weile weitergegangen.

Zum offenen Gespräch

Der Prozess, aus der Trauer und aus dem Alleinsein heraus den Schritt in neue Formen von Beziehung zu tun, führt erst einmal zu grosser Verunsicherung. Über den Tod des anderen hinaus kann sich ein Mensch tief verpflichtet fühlen, eine Art Treue zu halten durch den Verzicht auf jeden anderen, der als Konkurrenz im Herzen empfunden werden könnte.

Die Freiheit, neue Schritte ins Leben hinaus zu tun, ist für ältere Menschen nicht mehr gleich einfach wie in jungen Jahren. Es gibt viele Bindungen, um die man Angst haben kann. Werden die Kinder, werden Freunde akzeptieren, dass ein neuer Partner, eine neue Partnerin wichtig wird? Welche Form könnte eine Beziehung in alten Tagen annehmen? Beschränkt sie sich auf die Wochenenden oder auf Ferien? Oder zieht man zusammen in eine Alters-WG – der Rest geht niemanden etwas an? Oder nimmt man nicht doch lieber die Witwer- oder Witwenrolle an, auch eine Art Freiheit, aber auch ein Klischee?

Die Menschen werden älter, und sie bleiben länger jung. Da ist die Aussicht, nach dem Verlust des Lebenspartners ein anderes Leben mit anderen Zielen zu gestalten, durchaus realistisch. Und wenn man, wie Frau F., gute Erfahrungen in der Ehe gemacht hat, dann ist die Offenheit für eine neue Liebe eine durchaus realistische Perspektive.

Wie aber kommt Frau F. zu einem guten Gewissen? Ich rate ihr zum offenen Gespräch mit ihrem neuen Freund. Sie sollten sich gegenseitig von ihren Eheerfahrungen berichten und so die Verstorbenen in den Prozess des neuen Zusammenwachsens einbeziehen. Nicht das Vergangene zu vergessen, ist die Kunst, sondern sich daran zu erinnern und es zu würdigen, vielleicht sogar daraus zu lernen. Man muss nicht alles wiederholen, schon gar nicht die Fehler.

«Nicht das Vergangene zu vergessen, ist die Kunst,
sondern sich daran zu erinnern und es zu würdigen,
vielleicht sogar daraus zu lernen.»

HILFE, MEIN MANN LIEBT EINEN MANN!

Wenn Partnerschaften zerbrechen, sind es stets die «zurückgebliebenen Treuen» oder, wenn sie sich anders bezeichnen, die Verlassenen, die das Gespräch mit mir suchen. Sie fühlen sich in der Regel als Opfer einer Entwicklung, der sie ohnmächtig gegenüberstehen. Bei ihrem dritten Besuch fragt mich Frau B., ob sie mich mit einer persönlichen Frage behelligen dürfe. Und dann berichtet sie mir von ihrer Ehesituation: Nach achtzehn Jahren Familienalltag mit drei Kindern hat ihr Mann ihr gestanden, dass er eine schwule Beziehung habe. Diese Mitteilung hat in Frau B. einen zweifachen Schock ausgelöst und viele Gedanken. Zunächst ist sie erschrocken über die Untreue, die nun ausgesprochen ist. Sie hatte seit einiger Zeit einen entsprechenden Verdacht. Zusätzlich aber ist sie entsetzt über diese sehr spezielle Form dieser Untreue. Sie hätte nie nach einem Mann gesucht.

Fruchtlose Kreisläufe

Die Patientin schildert mir ihre Gedanken. Sie fragt sich, ob sich ihr Mann im Lauf der Zeit sexuell verändert habe, mit dem Älterwerden oder durch einen gewissen Spannungsverlust in ihrer Ehe. Gut, sie hätten in den letzten Jahren eher selten miteinander geschlafen, und das sei auch ihren eigenen Bedürfnissen entgegengekommen. Sie könne sich vorstellen, dass da ein Mann auf eine jüngere

Frau mit neuem Begehren reagiere. Ob sie etwas falsch gemacht habe, fragt sie.

Und sie denkt laut weiter: «War vielleicht mein Mann immer schon schwul und hat das lange Zeit verdrängt, weil er ‹normal› sein wollte? Oder ist er in Kreise geraten, die ihn auf andere Gedanken gebracht haben?» Sie weiss keine Antwort, und sie traut sich auch nicht, das Gespräch mit ihrem Mann auf dieses Thema zu bringen. Wie kann ich sie ermutigen? Dieses Gespräch wäre so wichtig.

Und da sind noch die moralischen Gedanken. Hat nicht die Kirche die Homosexualität stets scharf verurteilt? Hat sie nun einen Mann in Sünde?

Ich mache sie darauf aufmerksam, dass grundsätzlich die Treue viel stärker im Fokus des Glaubens stehe als die Frage, ob es zu homo- oder heterosexueller Untreue komme. Natürlich habe das jüdische Gesetzbuch im Alten Testament die Homosexualität verurteilt. Das habe mit der Abgrenzung gegen kanaanitische Formen des Kultes zu tun. Man könne die Akzeptanz oder Ablehnung einer sexuellen Lebensform nicht unabhängig vom kulturellen Umfeld beurteilen.

Gegen die Natur?

Aber die gleichgeschlechtliche Liebe sei doch gegen die Natur, meint Frau B. Die Natur habe doch Mann und Frau hervorgebracht, um Nachkommenschaft zu erzeugen. Ich gebe ihr zu bedenken, dass es die gleiche Natur sei, die das Phänomen der Homoerotik hervorgebracht habe, vielleicht weil die Vermehrung der Gattung Mensch nicht der einzige Zweck des Lebens sei.

Die Sünde entsteht immer dort, wo gegen die Liebe gelebt wird, wo Menschen geschädigt, ausgenutzt und missbraucht werden. Intime und verbindliche Beziehungen sind natürlich ein Ort, an dem enorme Verletzungen und Kränkungen geschehen. Ob es sich hierbei um eine Liebe zwischen Mann und Frau oder um eine gleichgeschlechtliche Liebe handelt, ist sekundär. Wichtig ist, dass nicht Machtunterschiede und Abhängigkeiten der Boden der Beziehung sind, sondern dass es sich um wachsende Verbindlichkeit unter freien Erwachsenen handelt.

In der Geschichte von Frau B. ist die Suche nach den sündhaften Wurzeln schwierig. Wer hier wen verlassen hat, ist nicht eindeutig zu erkennen. Es gehören eben zwei dazu. Und Frau B. erkennt deutlich, dass sie das eheliche Gespräch vernachlässigt und damit auch einen Anteil am Verlust der Tragfähigkeit ihrer Ehe hat. Trotz allem, sie fühlt sich in der machtlosen Rolle eher als Opfer und weiss noch nicht, welchem der vielen heftigen Gefühle (Wut, Trauer, Rachebedürfnis, Eifersucht …) sie wie viel Raum geben soll.

Vielfalt der Lebensformen

In der anderen Frage, ob denn die homosexuelle Veranlagung angeboren oder erst mit der Zeit entstanden sei, kann ich auf die Diskussion in der Psychologie hinweisen, die hier kontrovers geführt wird. Es mögen wohl auch beide Anteile zusammenkommen, eine angeborene Veranlagung und ein auslösendes Ereignis. So könnte man sich erklären, dass manche Menschen keine Ahnung haben von ihrer gleichgeschlechtlichen Veranlagung. Sie gehen zunächst eine Ehe ein und haben Kinder, und erst später, nachdem sie Unzufriedenheit in der ehelichen Beziehung erlebt haben, entdecken sie ihre homosexuelle Neigung. Jedenfalls kenne ich einige Paare mit einer ähnlichen Geschichte.

Frau B. weiss nicht, wie sie diese Situation ihren Kindern klarmachen soll. Soll sie es überhaupt? Wäre das nicht Sache des Mannes? Oder soll sie nach aussen hin den Schein der Ehe wahren? Ihr Mann scheint nicht unbedingt ausziehen zu wollen. Wie Frau B. schildert, hat ein gewisser Alltag aneinander vorbei auch seine Vorteile. Es tue halt weh und sei kränkend, so oder so.

Die meisten Paare mit einer ähnlichen Geschichte – und das sind doch einige – scheinen sich nach dem Coming-out getrennt zu haben. Das gilt übrigens auch für Frauen und hat zur Folge, dass nicht selten lesbische Paare mit Kindern leben. Mir scheint der richtige Weg stets dort zu sein, wo der geringste Schaden entsteht, vor allem für die Kinder. Die Vielfalt der familiären Formen ist in meinen Augen eine Bereicherung unserer postbürgerlichen Zeit.

Frau B. hat im Gespräch mit mir viel Vertrauen gezeigt, und ich habe mich bei ihr dafür sehr bedankt. Ich habe ihr gesagt, dass ich in dieser Zeitschrift über ihr Thema schreiben möchte, und sie hat zugestimmt, vorausgesetzt, sie werde für niemanden erkennbar sein. Also: Diese Frau B. gab und gibt es nicht, aber manche Frauen und Männer mit dieser Problematik.

«Die Sünde entsteht immer dort, wo gegen die Liebe gelebt wird, wo Menschen geschädigt, ausgenutzt und missbraucht werden.»

Edeltraud Abel, Ohne Titel

DAS GEWISSEN IST
KEIN ENTSCHEIDUNGSAUTOMAT

Letztlich sei ein Mensch seinem Gewissen verpflichtet, heisst es. Ein Gewissensentscheid ist nicht mehr hinterfragbar, ist letzte Instanz in schwierigen Entscheidungen. Dabei wird häufig vergessen zu fragen, in welchem Zustand dieses Gewissen denn ist, von welchen Menschen und in welcher Kultur es geprägt wurde, welche heiligen Werte im Hintergrund stehen. Das Gewissen hat mit Gewissheit wenig zu tun, ist fehlbar und verführbar, kann erkranken, ja, es kann gänzlich degenerieren.

Das Gewissen beginnt im Bauch

Eine alte Frau kam regelmässig zur Dialyse ins Spital. Ich kannte sie, aber ich konnte nicht mit ihr sprechen, denn sie war in fortgeschrittenem Ausmass dement. Es war auffällig, dass die Dialyseschwester dreimal pro Woche mit dieser Patientin kämpfen musste, jedes Mal zu Beginn der lebensnotwendigen Behandlung. Die Pflegende hatte kein gutes Gefühl, sie sprach mit mir darüber. Aber die Patientin konnte man nicht fragen, ob sie die Behandlung wünsche. Sie konnte schon die Frage nicht verstehen, wie viel weniger dann die Konsequenzen eines Behandlungsabbruchs.

Eines Tages lernte ich eine Tochter dieser alten Patientin kennen. Sie wurde über den Widerstand ihrer Mutter ins Bild gesetzt und gefragt, ob sie sich vorstellen könne, dass sich darin der Wunsch zu sterben ausdrücke. Wissen konnte das die Tochter nicht, fragen konnte auch sie ihre Mutter nicht! Aus dem Bauch heraus musste sie eine Antwort geben, genauer aus einer Mischung aus Erinnerungen, verschiedenen miteinander verquickten und sich auch widersprechenden Gefühlen und dem eigenen Interesse, Schuldgefühle zu vermeiden. Wirkliche Klarheit ergab dieses Bauchgefühl nicht.

Das Gewissen scheint sich stets zuerst mit einer solchen Motivvermischung zu Wort zu melden. Es ist zwar ein wichtiges Organ der Seele, aber es ist nicht fertig ausgebildet, wenn wir vor unseren ersten wichtigen Entscheidungen stehen. Die frühen Prägungen, Lob und Tadel, Ängste und Belohnungen und die gelebten, nicht unbedingt die ausgesprochenen Werte unserer Umgebung geben unserem Gewissen eine Urgestalt. Und diese äussert sich im Erwachsenenalter als eine Art Bauchgefühl. Eine wirklich begründete Entscheidung, die man auch anderen Menschen erklären kann, ist damit kaum zu treffen, aber für ein Kind sind die Leitlinien so falsch nicht. Sie lassen die Entwicklung des Gewissens in Gang kommen. Aber später muss das kritische Nachdenken über Interessen und Werte hinzukommen.

Das Gewissen wächst im Kopf

Ich komme wieder auf das Gespräch mit der Tochter der Dialysepatientin zurück: Ihrem Bauchgefühl war nicht viel Nützliches zu entnehmen. Einzelne Fragen mussten helfen, Ordnung in die schwierige Problematik zu bringen: «Worauf hat Ihre Mutter stets Wert gelegt? Hat sie sich dazu früher geäussert, unter welchen Umständen sie alt werden möchte und unter welchen nicht? An welchen Personen, Ereignissen und Dingen hat Ihre Mutter heute noch Freude? Wie war der Charakter Ihrer Mutter?»

Klare Fragen sind eine Herausforderung für das Denken. Das Gewissen ist nur dann ein guter Ratgeber, wenn es sich durch klares Denken äussern kann. Die Unterscheidung zwischen meiner eigenen begründeten Einstellung und dem möglicherweise davon sehr verschiedenen Denken anderer Menschen gehört dazu. Die Tochter kann sich gern die Frage nach dem Lebenswert für ihr eigenes Leben stellen: «Wie würde ich für mich entscheiden? Was ist mir wichtig?» Aber ihrer Mutter muss sie mit Unterscheidungsvermögen, Respekt und Uneigennützigkeit begegnen. Und dazu gehört, dass sie sowohl ihre Mutter wie auch sich selbst gut kennt.

Das Gewissen ist kein Entscheidungsautomat. Denken ist anstrengend, aber schliesslich hat uns der Herrgott einen Kopf gegeben, damit wir ihn benutzen. Durch die bewusste Auseinandersetzung mit Werten bilden wir das Gewissen und lassen es in uns wachsen. Dies geschieht auf vielfältige Weise. Das Gespräch mit anderen über persönliche wie über öffentliche Probleme ist dabei zentral, dann die kritische Beschäftigung mit dem Glauben. Und für sehr nützlich halte ich die Lektüre von Biografien vorbildlicher Menschen. So hat Gewissensbildung mit Lernen zu tun.

Das Gewissen bewährt sich im Herzen

Nach Abwägung des Bauchgefühls und der Beantwortung der Fragen kommt die Entscheidung jedoch weder aus dem Bauch noch aus dem Kopf. Weder neblig noch kühl darf die verantwortungsvolle Antwort ausfallen. Wenn wir der Liebe einen Ort in unserem Körper zuordnen wollen, dann ist es gewiss das Herz. Gedanken und Gefühle bereiten die Entscheidung des Herzens vor. Was sagt die Liebe?

Ich habe der Tochter der Dialysepatientin geraten, ihrer Mutter in einem Brief mitzuteilen, was ihr durch den Kopf geht. Sie möge dann den Brief ihrer Mutter laut vorlesen und sich dabei deren Reaktion vorstellen, wenn sie alles verstehen könnte. Dabei ist die Liebe beteiligt, die in einem Lächeln zum Ausdruck kommen kann, aber auch in Tränen. Das Gewissen reift zur entscheidungsfähigen und verantwortungsbewussten Instanz. Was nun hier geschieht, das ist tatsächlich unhinterfragbar. Der Gewissensruf schliesst den Konflikt mit anderen nicht aus, im Gegenteil. Wenn die Tochter ihre Antwort gibt, dann stellt sie sich der Möglichkeit, dass ihre Geschwister, die im Moment weit weg sind, anders reagieren würden. Und sie fragt nicht, ob ihre Antwort zu den Erwartungen der Ärzte und Pflegenden passt. Die Äusserungen eines reifen Gewissens bringen oft Konflikte mit sich. Deshalb passen wir uns so oft lieber den Meinungen unserer Umgebung an. Hören wir aber auf die Stimme unseres Herzens nach Bauchgefühl und Denkarbeit, dann gelangen wir zu einer verantworteten Überzeugung.

Die Dialysepatientin ist ohne Therapieabbruch bald darauf gestorben. Ich verrate Ihnen, liebe Leserin, lieber Leser, die Antwort der Tochter nicht. Das wäre vielleicht indiskret. Aber was würden Sie sagen, wenn es um Ihre Angehörigen ginge?

«Die Äusserungen eines reifen Gewissens bringen oft Konflikte mit sich.»

SCHULDGEFÜHLE SIND WIE UNKRAUT

«Schuldgefühle sind doch eigentlich etwas Krankhaftes», meint mein Gegenüber. Er ist ein kritischer Zeitgenosse, kritisch ganz besonders gegenüber dem Verhalten der Kirchen. «Durch das Erzeugen von Schuldgefühlen hat die katholische Kirche Menschen in eine fatale Abhängigkeit gebracht. Zuerst macht man, dass sie sich schuldig, schmutzig, sündig und unwert fühlen, dann giesst man das Füllhorn der Gnade über sie aus und erklärt sie für erlöst durch die Vergebungsvollmacht der Kirche.»

Der deutsche Geschichts- und Religionslehrer weiss, wovon er redet. Er ist jetzt etwa achtzig Jahre alt, aufgewachsen also in der Zeit der nationalsozialistischen Krankheit in Deutschland. Da habe sich die schlimmste Katastrophe der Geschichte zusammengebraut, kirchlicherseits aber habe man darüber hinweggesehen und ihm lieber Angst gemacht vor der Übertretung kleiner Gebote. Insbesondere sei der Herr Vikar stets gern auf die sündige Sexualität zu reden gekommen, allerdings stets ohne die Sache beim Namen zu nennen: Jungen, die sich lustvoll betrachteten, sich berührten oder gar sich befriedigten, die hätten eine tiefe Niederlage erlitten, sich selbst erniedrigt, und nur Beichte mit Bekenntnis und Lossprechung sowie entschiedener Widerstand gegen die nächste Versuchung könnten sie wieder reinwaschen.

In Abhängigkeit gehalten

Spontan kommt mir der Film «Das weisse Band» von Michael Haneke in den Sinn, und so ist auch klar, dass es sich hier nicht um ein spezifisch katholisches Problem handelt. Moralische Enge und repressive Erziehung waren und sind verbreitete Methoden, um Menschen in Abhängigkeit zu halten. Menschen mit Schuldgefühlen sind leicht zu führen, denn bei der geringsten Abweichung von der unbarmherzigen Norm hat der Mensch das Recht verloren, aufrecht zu gehen oder gar seine Stimme zu erheben.

Meine Grossmutter erzählte mir in meiner Jugendzeit, also den 1960er Jahren, als wir eines Abends über die eben zur Anwendung gelangten empfängnisverhütende Pille sprachen, sie sei bei einem Beichtgespräch, um etwa 1930, vom Geistlichen darauf angesprochen worden, dass sie nur drei Kinder habe. Geschlechtsverkehr ohne Zeugungsabsicht sei aber sündhaft. Grossmutter hatte offenbar im Beichtstuhl nicht widersprochen, aber sie berichtete, dass sie lange Jahre im Konflikt gestanden habe zwischen Schuldgefühl und Protest. Erst mit dem Tod ihres Mannes, meines Grossvaters, habe dann der innere Abstand von der Kirche als unantastbarer moralischer Autorität zugenommen. Immerhin.

Sorgfältige Zuwendung

Mir zeigen diese Geschichten, die unendlich vermehrt werden könnten, wie sehr der Zugriff auf das Gewissen der Menschen mit der Machtfrage verbunden ist. Nur die alleroberste Spitze des Eisbergs, der aus geistlichem Machtmissbrauch besteht, kommt je in direkter persönlicher Konfrontation zur Sprache und wird aufgearbeitet. Und weiterhin leiden viele Menschen unter den gezüchteten Schuldgefühlen, ist ihre Lebensfreude eingeschränkt und suchen sie sich unter den scharf urteilenden, alles sehenden Augen eines göttlichen Richters zu verkriechen.

Umgekehrt ist ein verantworteter Umgang mit Schuld kaum möglich, wenn alle Formen von Schuldgefühl und Schuldbewusstsein für krankhaft erklärt werden. Sie sind eben doch da, und das hat auch seinen Sinn. Nur muss man sich ihnen sorgfältig zuwenden und sie nicht als altmodisch und überflüssig von der Liste dessen streichen, was man ernst nehmen muss. Ich habe es mir zur Pflicht gemacht, in vielen Beratungsgesprächen, in denen Schuldgefühle auftauchten, nach den Gründen und Ursachen zu fragen. Wo Rauch ist, da ist auch Feuer, das ist Grundsatz Nummer eins. Wie gross dieses Feuer, das heisst, wie gross die Schuld tatsächlich ist, die sich durch Schuldgefühle meldet, das ist durchaus variabel.

Schamvoll verschwiegene Schuld

Manchmal endet die Hinwendung zu einem fast nicht mehr wahrgenommenen Schuldgefühl in tiefer Tragik. «Ich habe immer nur das Beste für mein Kind gewollt», sagt die Mutter, die sich über die emotionale Kälte ihrer erwachsenen Tochter beklagt. Sie vermutet gar, sie habe sie zu sehr verwöhnt.

Darauf angesprochen, dass sie sich offenbar zu rechtfertigen versuche und zu hören wünsche, sie habe nichts falsch gemacht, offenbart sie ihre immer wiederkehrenden Schuldgefühle der Tochter gegenüber. Ich bleibe konkret: Ob sie denn ihrer Tochter etwas von ihren Schuldgefühlen habe sagen können. «Nein, natürlich nicht!» Und dann berichtet sie mir, dass die dazugehörende Schuld bereits vor der Geburt der Tochter entstanden sei, unaussprechlich ihr gegenüber. Aus Gründen, die ich hier nicht schildern kann und will, war der Mutter die damalige

Schwangerschaft nicht willkommen. Eine offene Auseinandersetzung war anscheinend unmöglich. Sie sei darum ins Ausland gegangen, um eine Abtreibung vornehmen zu lassen. In letzter Minute sei sie aber davongelaufen, mehr aus Angst als aus Überzeugung. Und so sei sie zu ihrer Tochter gekommen.

Da ist sie also, die Schuld, von der niemand etwas wusste, so lange schamvoll verschwiegen, dass ihre Trägerin sie nur mühsam aus den alten Erinnerungen herausschälen konnte. Erst in der Auseinandersetzung mit dieser Schuld konnte das sie bedrückende chronische Schuldgefühl einer Art Erlösung zugeführt werden durch Hinschauen, Benennen und Annehmen. Wenn dann die Schuldgefühle wieder auftauchen – und das werden sie ganz gewiss – dann können sie erkannt und zugeordnet werden. Weil diese Mutter weiss, woher sie stammen, und weil sie ihre Schuld annimmt, immer wieder, kann ich ihr meinen zweiten Grundsatz im Umgang mit Schuldgefühlen nennen: Schuldgefühle sind wie Unkraut im Garten, man wird sie nie los, aber man kann sie erkennen, jäten und kompostieren. Dann geben sie neue Energie für ein Leben frei, das nicht mehr naiv ist und dennoch voll Freude.

«Moralische Enge und repressive Erziehung waren und sind verbreitete Methoden, um Menschen in Abhängigkeit zu halten.»

WEITERGEREICHTE LASTEN WIEGEN SCHWER

Die Väter assen saure Trauben, den Söhnen aber werden die Zähne stumpf! So lautet ein altorientalisches Sprichwort. Die sauren Trauben stehen für Unrecht, das von Vorfahren begangen wurde. Es kann schon sein, dass diese Trauben auch den Tätern von damals nicht gut bekommen sind. Aber die «stumpf werdenden Zähne der Nachkommen» werden oft nicht verstanden. Nicht nur die nächste Generation hat unter den Sünden der Eltern zu leiden, vielmehr wird über lange Zeit, wie in einer Kette, die Folge alten Unrechts weitergereicht. Immer wieder führt das zu neuem Unrecht und damit zu einer Fortführung der traumatischen Kette.

Die schlechte Kindheit als Ausrede

Wenn wir von einem Menschen sagen: «Er hat keine gute Kinderstube gehabt», dann meinen wir einen ähnlichen Vorgang. Die Diagnose entschuldigt allerdings in keiner Weise das Fehlverhalten oder den Verzicht auf anständige Sitten. Irgendwann hört die Ausrede von der schlechten Kindheit auf. Eltern können nicht ein Leben lang verantwortlich gemacht werden dafür, dass sich Kinder unsozial verhalten. Irgendwann muss sich jeder zu einem eigenständigen Leben nach eigenständigen Werten durchringen.

Dennoch ist die Vorbildfunktion der Elterngeneration gewaltig, stärker als manches Nachdenken der Jungen. Die

Karriere so manches Straftäters ist derart belastet durch frühe Erlebnisse, dass das Scheitern dieses Menschen beinahe vorherzusagen ist. Beinahe sage ich, denn tatsächlich gibt es immer wieder Geschichten von Menschen, die sich aus der zwanghaften Verkettung des Unrechts lösen konnten und zu einem Leben jenseits der negativen Spur gefunden haben.

Tragisch sind die Verkettungen, die zum vorgezeichneten Weg der Verirrung führen. Diese Einsicht in die Tragik der Herkunft, nicht genetisch festgelegt, aber erlernt in Form von Mustern und Werten, führt zu einer nötigen Zurückhaltung beim Be- und Verurteilen von Straftätern, Unangepassten und Versagern. Die Quelle ihrer Fehlorientierung liegt nicht einfach in ihrem Unwillen oder in ihrer Ignoranz. Allzu oft finden wir in ihren Geschichten die unheilvolle Verkettung des Unrechts über Generationen. Ich mag mich gut erinnern, als während meines Studiums ein Assistent im Theologischen Seminar ein aufrüttelndes Referat hielt mit dem Titel: Mitleid mit Kain, dem Mörder! Nein, kaum jemand, der von der Strasse des sozialen Erfolgs und der Integration in die Gesellschaft abkommt, tut dies aus Lust. Er hatte einfach keine Chance.

Die Verkettung der Generationen ist komplex

Selbstverständlich will ich nun nicht einfach allen Eltern die Schuld für das Fehlverhalten und das Misslingen ihrer Kinder in die Schuhe schieben. Das wäre zu einfach. Denn erstens hat jeder Mensch immer wieder eine Chance zur Korrektur seines Verhaltens, auch wenn die erlernten Muster sehr wirksam sind. Zweitens haben nicht nur die Eltern erziehend auf ihre Kinder eingewirkt, sondern die ganze Umgebung hat miterzogen, und manchmal war ihr Einfluss grösser als alles elterliche Bemühen. Und drittens haben auch die Eltern ein Erbe angetreten, das erhebliche Belastungen enthielt, die sie ein Leben lang prägten. Also Vorsicht mit Schuldzuweisungen!

Die Sozialwissenschaften haben viele Lebensverläufe in Abhängigkeit von ihrer Vorgeschichte zu verstehen gesucht. Und dabei sind gewisse Schatten über Generationen zu beobachten, stets weitergegeben von den Eltern an die Kinder. In unserer Zeit haben wir zum Beispiel eine neue Sensibilität entwickelt für die Entstehung und die Auswirkungen von Entwurzelung bei Migrantinnen und Migranten und ihren Nachkommen. Es gibt Programme und Therapien, die die furchtbaren Folgen von Traumatisierungen durch Kriegserlebnisse einzugrenzen versuchen. Die Auswirkungen sind über Generationen nachzuweisen, sowohl bei den Soldaten als auch bei zivilen Opfern, Vertriebenen, Flüchtlingen, Verletzten und Bedrohten. Angst ist zwar nicht erblich, aber sie wird dennoch weitergegeben von Generation zu Generation.

Die Vergangenheit gibt die Erklärung

Wer nichts weiss von der Vergangenheit und Herkunft eines Menschen, hat sein Urteil rasch gefällt. Da sagt mir eine erfolgreiche Akademikerin: «In unserer Gesellschaft kann es jeder zu etwas bringen, wenn er nur will und bereit ist, seinen Einsatz zu bringen. Wer versagt, ist selber schuld.» Wie kann sie darüber hinwegsehen, wie unterschiedlich die Chancen verteilt sind, wie belastet ein Leben sein kann, noch bevor es gestartet ist! Der Verdacht liegt nahe, dass hier eine gewisse Selbstgerechtigkeit spricht! Da ist mir das Mitleid mit dem Mörder doch lieber.

Können die generationenübergreifenden Ketten gesprengt werden? Wie lässt sich Schuld begraben statt weitergeben? Meistens kommt unsere Einsicht zu spät für unsere Kinder. Denn wenn wir uns unserer Geschichte und der unserer Vorfahren zuwenden, haben wir in der Regel den Rucksack unserer Ängste und Tabus, unserer Vorurteile und Rachegefühle bereits weitergegeben an unsere Kinder. Trotzdem ist die Beschäftigung mit der Geschichte nicht vergebens: Wir tun das für unsere Enkel. Unsere Enkel spüren, wenn wir an uns arbeiten.

Die Schuld landet nicht im Grab

Zwei Punkte seien erwähnt, die ich als vertane Chance wahrnehme. Erstens in Bezug auf die Geschichte: Es wird zwar im Geschichtsunterricht der Zweite Weltkrieg durchgenommen, aber das Gespräch mit den Beteiligten wurde und wird nur selten geführt: «Hast du dich auch schuldig gemacht, Vater?» Da kneifen die Väter (vielleicht verständlicherweise), aber die Annahme, sie könnten die Schuld mit ins Grab nehmen, ist irrig. Und zweitens in Bezug auf die Theologie: Selten mehr ist in einer Kirche von der Erbschuld die Rede, der schicksalhaften Schuldverstrickung, aus der die Taufe den Weg der Befreiung weist.

Der autonome Mensch, der freie Mensch, der selbstverantwortliche Mensch bleibt eine Utopie. Für den Glaubenden wird er aber zur Hoffnung im Blick auf Gott, der wie bei Jeremia 31,30 das Sprichwort abwandelt: «Jeder stirbt nur für seine eigene Schuld; nur dem, der die sauren Trauben isst, werden die Zähne stumpf.»

«Wer nichts weiss von der Vergangenheit und Herkunft eines Menschen, hat sein Urteil rasch gefällt.»

DIE EIGENE SCHULD TRAGEN
ODER SIE ANDEREN IN DIE SCHUHE
SCHIEBEN

Ob einer die Schuld eines andern tragen kann, kann ich nicht beantworten. Der Glaube behauptet, ich sei erlöst dadurch, dass ein anderer meine Schuld trägt, die mich nun nicht mehr erdrückt. Dieser andere, Christus, werde dadurch zum Sündenbock für die ganze Menschheit: «Lamm Gottes, du nimmst hinweg die Sünden der Welt!»

Es stellt sich natürlich die Frage, ob mir damit meine eigene Schuld wirklich abgenommen ist und ich somit wieder ganz fidel durch die Welt spazieren kann. Das ist ja dann doch nicht so einfach. Denn meine Schuld ist nicht aus der Welt geschafft, ich muss sie immer noch bewältigen.

Wer meint, die grosse Erleichterung komme einfach so als Eingriff von aussen, der ist auf dem Holzweg. Der Rat, alle Schuld auf den Sündenbock am Kreuz zu werfen und sie damit loszuwerden, macht den Glauben zu einer Art Erlösungsmagie. Jesus selbst weist den anderen Weg: Jeder nehme sein Kreuz, seinen Weg, seine eigene Schuld auf sich (vgl. Mt 16,24). So geht Bewältigung.

Sie hat nichts Böses gewollt
Eine Geschichte, um aus der Theorie des Glaubens ins konkrete Leben zu kommen: Ich hatte die 28-jährige Patientin, Frau S., in der orthopädischen Abteilung kennengelernt.

Sie war nach einem Autounfall mit einer gebrochenen Schulter von der Ambulanz ins Spital gebracht und dort gleich untersucht und operiert worden. Ich sprach mit ihr drei Tage später, als ihre schlimmsten Schmerzen langsam nachliessen. Ich kam gerade rechtzeitig, um sie im Nachdenken über das, was geschehen war, zu unterstützen. Natürlich fragte ich sie, wie es zu diesem Unfall gekommen sei. Und sie erzählte in etwa Folgendes:

«Ich war mit meinem Freund an ein Hochzeitsfest eingeladen, und es war schön dort. Wir haben miteinander gefeiert und nachher in einem Hotel am Ort übernachtet. Am nächsten Morgen machten wir uns nach dem Frühstück auf den Heimweg. Und dabei ist es passiert. Ich bin gefahren, und plötzlich hat es gekracht. Ich weiss nicht, wie ich auf die Gegenfahrbahn geraten bin. Aber offensichtlich war es mein Fehler!» Die junge Frau hat immer noch einen etwas starren Blick, während sie mir diesen Unfall schildert. Und sie hat deutlich mehr Fragen als Antworten. Die Schulter konnte operiert werden und muss nun heilen. Der Freund sei auch schon da gewesen. Er sei mit ein paar Prellungen und einem Schleudertrauma davongekommen. Das Auto sei hin, aber auch das sei materiell und somit ersetzbar. Was sie wirklich beschäftige, sei das Schicksal der Personen im anderen Fahrzeug, mit dem sie kollidiert sei. Zwei junge Frauen seien verletzt worden, und beide seien nun in einem anderen Spital. Schlimm sei es auf jeden Fall, aber sie wisse nicht, was sie denen angetan habe. Die Beschädigung des Fahrzeugs trage die Haftpflichtversicherung, aber die Beschädigung der Gesundheit könne durch keine Versicherung ungeschehen gemacht werden.

Alkohol war nicht im Spiel, auch keine anderen Drogen, das hatte die Polizei gleich festgestellt. Es muss sich wohl um den berühmten Sekundenschlaf gehandelt haben, der zu diesem Unglück geführt hat. Von einem Augenblick zum anderen ist das Leben von vier Menschen verändert, und es gibt keine Erklärung. Frau S. ist schuld, das stand von Anfang an fest. Ist sie damit auch schuldig? Sie hat nichts Böses gewollt. Wie bei jedem Unfall gibt es den Zufall, der zu diesen tragischen Folgen geführt hat. Tausendmal ist es gut gegangen, man war eben vorsichtig. Dennoch: Wenn man bisher unfallfrei geblieben ist, ist das nur zum kleinen Teil Können und Verdienst, zum grösseren Teil ist es schlicht der glückliche Zufall. Und hier nun der tragische Unfall.

Schuld holt uns ein

Frau S. steht noch unter Schock. Sie ist zwar bei Bewusstsein, aber irgendwie steht sie noch neben sich und sieht die ganze Geschichte wie in einem Film. Was geschehen ist, kann sie noch nicht glauben. Sie ahnt mehr als sie denkt, dass ihr die Auseinandersetzung mit der Schuld noch zusetzen wird.

Ich habe Frau S. mehrmals besucht, und auch nach ihrer Entlassung aus der Klinik ist sie zu mir gekommen, um mit mir über das Erlebte und die Verarbeitung davon zu sprechen. Dass sie die Beschädigung von drei anderen Menschen verursacht hat, das ist nicht leicht zu akzeptieren. Es dämmert ihr, dass alle vier nachhaltig geschädigt sind. Der Freund leidet an einer Verletzung der Halswirbelsäule, er ist stärker beeinträchtigt als zunächst angenommen. Die beiden Frauen aus dem anderen Wagen haben schlimmere Folgen zu tragen. Die junge Balletttänzerin wird sich wohl einen anderen Beruf suchen müssen, die andere war eine Studentin, deren Studium nun länger dauern wird. Und an all dem ist meine Patientin schuld.

Es hilf nicht, entschuldigende Erklärungen zu suchen. Das Auto war in Ordnung, das Wetter war gut. Frau S. muss lernen, dass das Geschehene nicht wie ein Film zurückgedreht werden kann, dass es nicht zu löschen ist. Immer wieder versucht sie, sich dem Leben zuzuwenden, wie wenn nichts geschehen wäre. Aber der Unfall holt sie ein, ihre Schuld holt sie ein. Mit sich selbst ist sie böse, sie würde sich selbst hart bestrafen, wenn sie damit die anderen gesund machen könnte. Der Kontakt zu den anderen verletzten Frauen ist schwierig, Blumenstrauss und Genesungswünsche sind angenommen worden, aber zur direkten Begegnung ist es bislang nicht gekommen. Die Tränen fliessen, immer noch getrennt, auf beiden Seiten.

Geduld mit dem Schuldigen

Die eigene Schuld auf sich zu nehmen und als Kreuz geduldig zu tragen, ist ein langer und anstrengender Weg. Niemand kann ihn abkürzen, nicht mit offenen, nicht mit geschlossenen Augen. Auch Jesus nimmt unsere Schuld nicht weg. Höchstens vielleicht, dass wir Zugang finden zur Solidarität, uns begleitet wissen von einem, der sein Kreuz bewusst getragen hat. Und dass wir einander begleiten im Tragen des je eigenen Kreuzes anstatt Schuldige auszuschliessen. Und dass wir uns selbst einreihen als Kreuzträger in die grosse Schar der Schuldigen und Nichtverdammten.

«Die eigene Schuld auf sich zu nehmen und als Kreuz geduldig zu tragen, ist ein langer und anstrengender Weg.»

VON DEN GEHEIMEN SCHUBLADEN IN DER SEELE

Wenn das glückliche Ende einer Krankheit Heilung heisst, dann ist das positive Ende einer Schulderfahrung die Versöhnung. Damit klingt natürlich bereits an, dass nicht alle Schuldgeschichten in einer Form enden, mit der sich leben lässt, ohne dass der schuldig Gewordene zu einem chronisch Leidenden wird.

Da gibt es einerseits die Schuld, die niemand kennt. Wir alle haben so eine geheime Schublade in der Seele, in der wir ein schuldbelastetes Geheimnis aufbewahren. Niemand hat es mitbekommen, dass wir damals etwas getan haben, absichtsvoll oder versehentlich, dessen wir uns zutiefst schämen. Aber da es keine Zeugen gab, ist es nie ans Licht gekommen, und so hüten wir unser Geheimnis wie einen Fremdkörper in unserem Leben, der niemals verschwindet. Zwar ist er gut eingekapselt, aber er ist da. Lange Zeit ruht er auf diese Weise gut versteckt, aber immer besteht die Gefahr, dass er sich bemerkbar macht. Dann ist die geheime Scham wieder da, das Gefühl, das uns zwingt, der ganzen Welt etwas Heiles vorzuspielen, das wir nicht sind. Das Lachen ist zwar nicht mehr spontan und fröhlich, doch die Fassade muss aufrechterhalten werden. Mir fallen dazu kaum Beispielgeschichten ein, denn auch mir gegenüber bleiben die geheimen Schubladen meist zu. Ja, sogar sich selbst gegenüber kann jemand das Geheimnis hüten, sodass es fast ins Vergessen zu gleiten droht. Fast, sage ich, denn es gibt Momente, in denen das scheinbar Vergessene wieder auftaucht, bedrohlich wie eh und je.

Nichts verschwindet, wenn es vergessen wird

Auch Vergessenes ist nicht aus der Welt. Meist ist uns nicht klar, wie viel Energie wir darauf verwenden, ins Unbewusste verschobene Erlebnisse, insbesondere Taten, zu hüten. Wir sagen vielleicht, wir hätten einiges unter den Teppich gekehrt. Aber unter diesem Teppich des Vergessens führt das Bedrohliche und nie Verarbeitete ein Eigenleben. Und je mehr sich dort ansammelt, desto mehr Energie müssen wir auf die Bewachung der Teppichränder verwenden. Denn dort kann jederzeit wieder etwas von dem furchtbar Unangenehmen auftauchen. Natürlich fehlt uns dann diese Energie an anderen Orten, bei unseren Aufgaben, in unseren Beziehungen, in jeder Konzentration und im Erleben von Freude. Die Angst vor der Scham, vor der Selbsterkenntnis wie vor dem Blossgestellt-Werden, hemmt alle Hingabefähigkeit.

Andere Schuld ist vielleicht nicht vergessen, aber sie ist gut gehütet, damit sie nicht irgendwo zum Thema wird. Aber dann geschieht etwas, das uns aus der Fassung bringt, fast würde ich sagen, ein heilsames Unglück. Mir fällt ein Patient ein, der einen Verkehrsunfall erlitten hatte, bei dem sein Bein schwer beschädigt wurde. Durch ausserordentliche ärztliche Kunst und auf einem extrem langen Behandlungsweg gelang es, dieses Bein zu erhalten. Knochen rekonstruieren, Muskeln verlegen, Blutgefässe flicken, Infektionen bekämpfen, schlussendlich den Knochen wieder zertrennen, um das Bein zu verlängern – dieser ganze Weg hatte den Patienten verändert. Er beschloss daraufhin, nicht mehr ganz allein mit einem Ereignis zu bleiben, das sein Leben geprägt hatte, vor vielen Jahren.

So nahm er allen Mut zusammen, mich in sein Geheimnis einzuweihen. Beichten nennt man so etwas. Dieser Patient war überzeugt, er sei vor vielen Jahren schuld gewesen an einem Unfall, bei dem ein Arbeitskollege invalid geworden war. Niemand hatte ihn je beschuldigt, aber er wusste mehr als der Rest der Welt. Ob er wirklich schuldig war, wird niemand feststellen können. Er sah sich schuldig, und nun, als ihm selbst ein Unfall zustiess, brach das gut gehütete Geheimnis auf und wurde zur schweren Last.

Wie geht Versöhnung? Hingehen und dem damals Verunfallten ein Geständnis ablegen? Alte Wunden aufreissen ist nie ohne Risiko. Ausserdem war der verunfallte Arbeitskollege unterdessen verstorben, allerdings nicht an den Unfallfolgen. Dennoch war der erste Schritt zu einer Versöhnung getan, indem sich der Patient einem Mitmenschen öffnete.

Ich konnte ihm nun tragen helfen, ihn jedoch nicht von seiner Geschichte befreien. Denn das geht nicht. Ich konnte mit ihm den Weg gehen, mit ihm in den Spiegel seines Lebens schauen und benennen, was er dort sah. Und er musste die damit verbundene Scham aushalten. Das ist der zweite Schritt. «Was halten Sie jetzt von mir?», war die Frage des Patienten. Ich fand seinen Schritt, sich mit seinen geheimen Gedanken zu öffnen, sehr mutig.

Es gibt keine billige Schuldbewältigung

Ich erinnere mich an die Wunderheilung Jesu an einem Taubstummen. «Er nahm ihn beiseite, von der Menge weg, legte ihm die Finger in die Ohren» (Mk 7,33). Niemand kann sich Selbstachtung kaufen oder zurückholen. Sie muss uns zurückgegeben, zugesprochen werden, wenn sie verloren gegangen ist. Darum ist, was Jesus mit dem Behinderten tat, auch Wegweisung für unseren Umgang mit schuldig Gewordenen. Der Finger muss auf die Wunde gelegt werden, sie muss klar bezeichnet und benannt werden, aber der Schuldige, oder um es noch etwas provokativer zu sagen: Der reuige Täter, verdient auch, als Person geachtet und geschützt zu werden.

Dann kommt, damit Versöhnung entstehen kann, die Frage der Wiedergutmachung hinzu. Es gibt keine billige Beichte! Nur kann die Konsequenz einer Schuld nicht von einem Aussenstehenden verordnet werden. Sie ist Teil der Einsicht und muss im Prozess benannt und bestimmt werden. Auch das ist nicht allein machbar, denn es braucht mindestens einen Zeugen für die vollbrachte Wiedergutmachung. Im Fall des von mir geschilderten Patienten kam es zu einer grösseren finanziellen Zuwendung an das Caritas Baby Hospital in Betlehem, nicht anonym und mit Angabe des Grundes für die erhebliche Gabe, verbunden mit der Bitte, man möge dort für ihn beten.

Versöhnung macht keine Tat ungeschehen, aber sie verschiebt das Geschehene aus dem Bereich «Verdrängtes und Unerledigtes» in den Bereich «Erinnerung». Aus dieser immer wieder hervorholbaren Geschichte gelingt ein Lernen, falls man sich an das gewollte Erinnern übend gewöhnt. Damit kann man der Schuld mindestens eine Art Sinn geben.

«Der Finger muss auf die Wunde gelegt werden, sie muss klar bezeichnet und benannt werden, aber der Schuldige verdient, als Person geachtet und geschützt zu werden.»

Edeltraud Abel, «Das Wiedersehen»

ANNA SELBVIERT UND DIE ERBSÜNDE

Im Bereich der Spitalseelsorge kann man nur die Besuche planen, nicht die Erfolge. Hin und wieder aber betrete ich ein Krankenzimmer, stelle mich vor und ernte ein strahlendes Lächeln, ohne dass ich irgendetwas dafür getan habe. Ich nenne das Führung durch den Heiligen Geist, denn es gibt oft keinen wirklich begründeten Anlass für gerade diesen Besuch, und doch liegt man mit der Wahl dieses Zimmers gerade richtig.

So ist es beim Besuch bei der reizenden alten Dame im fünften Stock des Spitals. Sie liegt in einem Doppelzimmer, ist aber an diesem Morgen allein. Sie liegt im Bett, schlummert. Als ich das Zimmer betrete, ist sie aber sogleich hellwach. «Sie kommen wie gerufen», meint sie. Frau F. erholt sich langsam von einer Schenkelhalsfraktur, scheint ansonsten geistig und körperlich recht fit. Ihr Sturz sei ein sehr spezielles Geschenk gewesen, erzählt sie, nicht ironisch, sie habe gerade noch ihren 80. Geburtstag mit der Familie gefeiert – und am Tag darauf sei sie dann umgefallen. Jetzt, nach der Operation, müsse sie jeden Tag gehen üben, und das mache sie noch recht müde.

Das offensichtliche Thema
Bereits beim Betreten des Zimmers habe ich das prominente Foto auf dem Nachttisch gesehen, nun spreche ich Frau F. darauf an. Das sei doch sie selbst auf dem Bild, sage

ich, und da strahlt meine Gesprächspartnerin. Das Foto sei von ihrem Geburtstagsfest, das Besondere daran seien aber die anderen Personen. Frau F. erklärt: Neben ihr steht ihre Tochter, und davor sitzt auf einem Stuhl ihre Enkelin. Und diese hält einen Säugling auf dem Schoss. «Vier Generationen!», meint sie. «Dass ich das erleben darf ...!» «Es macht Sie glücklich zu sehen, dass das Leben weitergegeben wird.» «Ja, es ist wie in einer Kette. Ich bin jetzt das älteste Glied, das bald abfallen wird, aber das neue Leben ist schon da.»

Ich kann nicht anders, als meine Assoziation zu erzählen bei diesem Bild. Es gibt ein Heiligenbild, das diesem Foto sehr gleicht und vielleicht etwas ganz Ähnliches ausdrücken will. «Nein», meint Frau F., «eine Anna Selbviert kenne ich nicht, aber aus meiner Kirche kenne ich die Anna Selbdritt. Das ist Maria mit dem Kind, und Mutter Anna steht hinter ihnen.» Ich erzähle ihr, dass die mittelalterlichen Vorstellungen dieses Bild um die Urgrossmutter Jesu erweitert hätten. Das sei die heilige Emerentia. So sei die mütterliche Linie der Herkunft Jesu dargestellt.

Frau F. freut sich über diese Nähe ihres Geburtstagsbildes zu den drei Frauen mit Jesus. Es sei schon ein grosses Geschenk, wenn man miterleben dürfe, dass das Leben weitergegeben werde. Nach einer kleinen Gesprächspause berichtet sie dann von ihrer Sorge, dass zwar das Leben weitergegeben werde, nicht aber der Glaube. Ihre Enkelin wolle den kleinen Sohn nicht taufen lassen. Ihr selbst aber sei das ein grosses Anliegen, meint Frau F. Sie könne sich da aber nicht einmischen, sie sei ja von gestern.

Die Predigt der alten Dame
Ich frage sie, warum sie denn die Taufe für so wichtig hält für ihren Urenkel. Da hält sie mir eine kleine Predigt

über die Erbsünde, die ja durch die Taufe vom Menschen genommen würde. Und es sei doch so wichtig, dass der kleine Mensch ohne die Last von alten Schulden aufwachsen könne.

Da hat mich also die alte Dame auf einen völlig abhanden gekommenen religiösen Inhalt der Tauffeier hingewiesen. Ich habe nicht abgewehrt und die Erbsünde als alten Hut zur Seite gelegt. Ich habe mir vielmehr überlegt, warum die Erbsünde so aus dem Blick des christlichen Glaubens verschwunden ist. Natürlich, alles, was mit Schuld zu tun hat, ist eher peinlich. Während früher Schuld und Sünde Gründe für allgegenwärtiges Drohen in der kirchlichen Verkündigung waren, ist heute meistens die Rede von Segen und Gelingen. Aber wenn die «alte Kirche» einseitig auf Sünden fixiert war, ist die «moderne Kirche» eher sündenblind. Oder ist es einfach peinlich, von Sünden als Übertretungen von Ge- und Verboten oder von Schuld als existentiellem Versagen zu reden?

Heute von Erbschuld sprechen

Von Erb*sünde* würde ich auch nicht sprechen. Es geht ja nicht darum, dass Adam und Eva im Paradies das Verbot des Schöpfers übertreten und die Frucht vom Baum in der Mitte des Gartens genommen hätten. Das ist eine Geschichte, die erklären soll, warum wir nicht mehr im Paradies leben. Aber mit Erb*schuld* könnte ich viel anfangen. Je weniger in den Kirchen davon gesprochen wird, desto mehr redet die Gesellschaft davon, dass wir in eine endlose Verkettung von Schuld eingebunden sind. Wir haben eine blutgetränkte und ungerechte Welt übernommen von unseren Vorfahren, und wir werden eine ebenso schuldbesudelte Welt an unsere Kinder weitergeben.

Ich kann schon verstehen, dass mir manche jungen Paare sagen, in eine Welt wie diese wollten sie keine Kinder setzen. Ich halte das nicht nur für eine Ausrede dafür, dass Kinder mühsam und teuer sind, die Freiheit einschränken und über viele Jahre das Programm der Familie bestimmen. Wer in diese schlimme Welt Kinder setzt, muss gute Gründe haben oder eine ganz besondere Kraft.

Wir kommen nicht darum herum, mitschuldig zu werden an so vielen unguten Entwicklungen. Wir verbrauchen Ressourcen trotz aufgeklärtem Konsumverhalten, wir tolerieren ungerechte Verhältnisse trotz grundsätzlichem Engagement für Gerechtigkeit, wir sind eben Menschen unserer Zeit. Müssen wir deswegen verurteilt werden? Oder müssen wir, um nicht daran zu verzweifeln, grosszügig achselzuckend über alles hinwegsehen? Beides wäre die humane Kapitulation.

Unser Glaube versucht, auf diese Grundverseuchtheit des Lebens eine Antwort zu geben. Gott will uns trotz aller Mängel, Gott will uns lebendig und froh. Dann muss es einen Weg geben, der uns unter der Lebensschuld nicht zusammenbrechen lässt. Dieser Weg heisst Christus. Auf ihn hin getauft zu werden, bedeutet Lebenserlaubnis trotz der unausweichlichen Schuld, eben der Erbschuld.

Ich kann Frau F. nicht raten, ihren Nachkommen mit einem Drängen zur Taufe auf die Nerven zu gehen. Alle Eltern müssen ihren eigenen Weg suchen und finden und ihre eigenen Entscheidungen verantworten. Frau F. muss die nachfolgenden Generationen gehen lassen, trotz Anna Selbviert. Die Einheit des Bildes enthält auch alle Brüche. Aber ich kann ihr nur zustimmen, wenn sie die Weitergabe des Lebens und die Weitergabe der Schuld in so engem Zusammenhang sieht. Und mit ihr gemeinsam besinne ich mich gern darauf, dass ich getauft bin. Auch wenn ich der Verstricktheit in schuldhafte Vorgänge nicht ausweichen kann, bin ich durch meine Taufe ermutigt, das Leben anzunehmen und zu gestalten.

«Unser Glaube versucht, auf diese Grundverseuchtheit des Lebens eine Antwort zu geben. Gott will uns trotz aller Mängel, Gott will uns lebendig und froh.»

Edeltraud Abel, «Der Ruf»

«DEN RUF DES LEBENS HÖREN UND IHM FOLGEN»

«Worüber muss ich in meinem letzten Artikel über Seelsorge in Krisenzeiten schreiben?», frage ich meine Tochter während eines Spaziergangs. Sie hat den Säugling im Tuch auf die Brust gebunden und lässt zu einem grossen Teil ihr Leben von ihm bestimmen. Der Beruf ist in die zweite Reihe gerückt, eigene Interessen haben ein deutlich verkleinertes Fenster bekommen. Sie tut, was jetzt wichtig ist. «Das musst du auch tun, Vater. Schreib über das, was jetzt und was dir wichtig ist!»

Ich schaue die Tochter und ihr Kind an. Sie weiss, was im Moment wichtig ist, keine Frage. Es werden wieder andere Zeiten kommen, aber im Moment ist klar, wo sie hingehört. Sie ist Mutter, und das nimmt sie ganz in Beschlag. Ob sie denn nicht häufig an die anderen Teile ihres Lebens denke, frage ich, an die Teile, die auch zu ihr gehörten, die aber jetzt eingelagert sind, vielleicht um später wieder entdeckt zu werden, wer weiss. Es sei ein grosses Glück, Zeiten erleben zu dürfen, in denen sie einfach das Richtige tue, meint sie. Und sie ist überzeugt, dass sie jetzt gerade genau hierher gehört. Der innere Streit der Interessen hat Pause. Das ist Glück!

Loslassen tut weh

Und da wird mir klar, worüber ich schreiben muss: über das Thema, über das ich mit sehr vielen Menschen gesprochen habe, bei dem ich selbst aber immer ein Lernender bin und bleiben werde, über das Loslassen nämlich. Um ganz in der Gegenwart meines Lebens zu sein, im Hier und Jetzt, wie mein Psychotherapielehrer immer betonte, muss ich sehr viel loslassen, was wohl zu meiner Geschichte gehört, möglicherweise auch zu meiner Zukunft, mich aber im Hier und Jetzt belastet, Energien blockiert, ablenkt und stört.

Mit kranken Menschen, deren Leben nie mehr so sein wird, wie es einmal war, habe ich über das Loslassen und die damit verbundenen Schmerzen und die Trauer gesprochen. Denn jeder Mensch hängt an dem, was war. Loslassen tut weh! Und jeder Mensch ist ein Gewordener und trägt seine Geschichte mit sich herum. Loslassen macht Angst! Man könnte sich verlieren.

Ich habe mit Sterbenden über das Loslassen gesprochen, viele Male. «Wenn Sie meinen, Sie müssten unbedingt so weitermachen wie bisher, dann wird Sie das, was jetzt kommt, zerreissen. Mit dem Tod ist nicht zu diskutieren! Lassen Sie los, und machen Sie sich bereit für die grosse Reise mit leichtem Gepäck. Dann sind Sie ganz hier und frei, dann kann diese Zeit des Sterbens sogar eine Zeit des Glücks sein.» Ich habe solche Worte gefunden, häufiger noch habe ich mir solche Worte sagen lassen von den Sterbenden selbst. Ich brauchte, was ihre Seele herausgefunden hatte, nur zu wiederholen, damit sie sich selbst begreifen konnten.

Aber für mein eigenes Leben kann ich das nicht so einfach anwenden. Dann tut es ja *mir* weh und macht *mir* Angst. Und das ist etwas ganz anderes. Ich spüre, dass ich für mich selbst oft genug Ausreden bereithalte, Argumente, warum Loslassen gerade jetzt nicht unbedingt mein Thema sein muss. Was stört an diesem so oft wiederholten, in Ratgebern empfohlenen und von mir anderen ans Herz gelegten Loslassen?

Loslassen ist die falsche Perspektive, spüre ich. Loslassen ist etwas Negatives. Es bedeutet Nicht-Festhalten. Und automatisch richtet sich der Blick auf eben das, was mich bindet. Warum sollte ich mir Trauer zumuten? Warum sollte ich Abschied nehmen? Ist mein Leben nicht gerade dadurch reich, dass ich viel erlebt habe, was ich jetzt als Schatz mit mir herumtrage? Loslassen hat keinen Eigenwert. Ich bin ja kein Seiltänzer. Loslassen ist nur ein Mittel, um sich ganz den Erfordernissen der Gegenwart zuwenden zu können.

Das Bild mit der neuen Perspektive

Ich erinnere mich an ein Bild, das meine verstorbene Freundin Edeltraud Abel gemalt hat. Es heisst «Der Ruf» und zeigt einen Fischer in der Spannung zwischen seinen Händen und seinem Ohr. Noch ist er beschäftigt mit seinem erlernten Leben, aber er versinkt nicht stumpf und taub im Alltag. Vielmehr ist er lebendig geblieben und empfangsbereit für die Nachricht aus der inneren Welt. Die tägliche Notwendigkeit und die Routine haben ihn nicht erstickt. Er spürt, dass nicht länger wichtig ist, was er bislang getan hat. Veränderung ist nötig.

Dieser Prozess kann plötzlich einbrechen in ein Leben, in dem man sich bislang gut ausgekannt hat. Plötzlich kann der Ruf einen aus der Bahn schleudern. Die Bibel liebt das Plötzliche. Da geht Jesus am Wasser entlang, ruft den Simon, und der lässt alles stehen und liegen und kommt mit. Es gibt solches «Loslassen subito». Oder der Saulus, den der Ruf einfach vom Pferd haut, und plötzlich ist er ein anderer. Es gibt diese Veränderungen in einem Augenblick. Aber meist wird man nicht gefragt, ob man will, sondern man hat sich zu fügen. Der Ruf lässt einem keine Wahl. Eine Erkrankung kann so ein Ruf sein, ein Todesfall, jedenfalls ein Ereignis, das alles über den Haufen wirft. Dann wird das Loslassen nachträglich die Anpassung an die neuen Umstände sein, mit all der Trauer, die damit verbunden ist.

Meistens aber ruft das Leben leiser. Und Veränderungen künden sich an. Dann bin ich gefragt, ob ich den Ruf hören kann und will. Kein Mensch wird von einem Tag auf den anderen alt. Und doch werde ich mit jedem Tag älter. Da ändern sich die Themen, und Neues weckt meine Aufmerksamkeit. Gerade dieses Neue ist das nötige Gegengewicht, das das Loslassen erträglich macht. Die Aufmerksamkeit auf das Loslassen allein richtet Blick und Konzentration auf die Hände des Fischers. Ich aber will auf das Ohr achten. Was ist das Neue, das an mich herankommt? Was sind die Ansprüche meines gegenwärtigen Lebens? Dafür kann ich gut früher Gelerntes und Gewohntes hinter mir lassen. Dafür brauche ich keine Loslassübungen, dafür brauche ich Hörübungen. Dann erfahre ich, wie ich mich in einem permanenten Prozess dem Wandel des Lebens anpasse, den Ruf des Lebens höre und ihm folge, dem Ruf Gottes, der auch aus einem Säuglingsmund an mein Ohr dringen kann.

«Wenn Sie meinen, Sie müssten unbedingt so weitermachen wie bisher, dann wird Sie das, was jetzt kommt, zerreissen.»

«EIN HIMMEL, IN DEM NUR DIE KLUGEN UND BRAVEN PLATZ HABEN, DER KANN MIR GESTOHLEN BLEIBEN»

Ein Gespräch mit Ludwig Hesse

Judith Hochstrasser

Kaum in Ludwig Hesses Stube im basellandschaftlichen Frenken-dorf eingetreten, zeigt er ein Bild, das seine verstorbene Freundin, die Künstlerin Edeltraud Abel, gemalt hat. Fast beiläufig erzählt er, dass er den Holzrahmen dafür selbst machen wird.

Ah, dann sind Sie auch handwerklich tätig?

Ja, das bin ich (lacht), als Schreiner. Ich glaube an ein Leben nach der Pensionierung.

Wenn man Ludwig Hesse kennenlernen will, was muss man sonst noch unbedingt über ihn wissen?

In erster Linie bin ich Theologe. Dann bin ich natürlich ein Menschenfreund. Wie soll ich sagen? Ich nehme sehr viel Anteil am Leben anderer. Ausserdem bin ich mit grosser Freude Grossvater. Und neu bin ich eben auch Schreiner. Vor meiner Pensionierung habe ich einen befreundeten Schreinermeister gefragt: Könntest du dir vorstellen, einen Lehrling zu haben? Ungenau schreinern, das konnte ich schon länger, *learning by doing* halt. Dann passte es halt mal nicht, und das machte dann auch nichts. Aber jetzt wollte ich es richtig lernen. Da an der Wand sehen Sie zum Beispiel mein erstes Werk.

Das sieht wunderschön aus.

Ich wollte lernen, wie man rechte Winkel richtig macht. Das Bild kommt ganz anders zur Geltung in diesem Rahmen aus Kirschbaumholz.

Hatten Sie schon immer Freude an Holz?

Ja. Ich stamme aus Handwerkerverhältnissen. Mein Vater hatte neun Geschwister, und alle zehn Kinder haben ein Handwerk gelernt. Vom Schreiner über den Elektriker bis zum Gärtner ... Mein Vater war der Maler. Nur ja kein Akademiker, gell.

Waren Sie das schwarze Schaf?

Ja (zögerlich) ... Wenn mein Vater nicht gestorben wäre, dann hätte ich wohl das Malergeschäft übernommen.

Aber als er dann tot war – da war ich Erstklässler –, hat man mit mir nix anzufangen gewusst. Und weil ich nicht dumm war, bin ich einfach in der Schule geblieben (lacht). Ja, was muss man sonst noch über mich wissen?

Wovor würden Sie die Leute warnen?

Lasst ihn ja nicht warten! Wenn man mich warten lässt, empfinde ich das als Missachtung. Natürlich gibt es höhere Gewalt, aber ... Einmal war ich mit jemandem im Notfall, und da haben wir drei Stunden gewartet. Drei Stunden! Ohne Information. Das empfinde ich als derartigen Affront. Aber Geduld mit Menschen habe ich schon. Oder an einer Sache dranbleiben, das kann ich. Ich kann eine Woche lang eine einzige Tischplatte schleifen.

Eine gewisse Hartnäckigkeit haben Sie also?

Ja, die habe ich. Aber zurück zum Notfall: Wenn man vom Fach ist, dann weiss man: Das geht einfach nicht, wie sie da kommunizieren! Kommunikation im Spital ist ein Riesenthema, und eines, für das ich mich engagiert habe, Kommunikation zwischen Ärzten und Patienten, zwischen Pflegern und Ärzten. Spitalseelsorger ist ein wunderbarer Beruf. Man steht immer dazwischen.

Das kann aber auch mühsam sein, oder?

Es kommt darauf an. Ich bin jemand, der immer auf der Grenze steht. Ich habe nicht die Fähigkeit, mich auf den Stuhl zu setzen und zu sagen, das ist meiner. Ich bin ein Grenzgänger, in jeder Hinsicht.

Das Telefon klingelt. Ludwig Hesse will nicht abnehmen. Er sei besetzt, sagt er entschieden, und bleibt unbeeindruckt sitzen.

Wenn man Ihre Texte liest, bekommt man den Eindruck eines sehr gelassenen, fast weisen Mannes. Stimmt das?

Wenn Gelassenheit heisst, dass ich anderen Spielraum lasse, dann schon. Wenn das aber heisst, dass ich keine existenziellen Ängste habe, dann stimmt das nicht. Und die Weisheit lehne ich nicht ganz ab. Wenn man über gewisse Dinge vierzig Jahre lang nachgedacht hat, dann können sie sehr einfach werden. Dinge, die kompliziert sind, über die hat man noch nicht lange genug nachgedacht. Es gibt dieses Bild von Edeltraud Abel – es heisst «Comedia finita est» –, auf dem zwei Schauspieler zu sehen sind, nackt, der Vorhang fällt, und sie machen eine Geste der Ratlosigkeit. Das Bild hat mir eine Frage beantwortet, über die ich viele Jahre nachgedacht habe.

Welche denn?

Die Frage: Wer organisiert das Schicksal? Beim Betrachten habe ich plötzlich gemerkt: Gott ist nicht der Regisseur des Schicksals, nein, er ist die Bühne. Das stellt die ganze Schicksalsfrage auf die Füsse. Die Bühne, das ist der Boden, auf dem sich das Stück abspielt, ...

... der einem die Möglichkeit gibt, sich zu zeigen ...

... und der mich trägt. Ich kann auch auf dieser Bühne sterben, aber ich falle nicht herunter. Gott ist nicht einer da oben, der die Marionetten lenkt. Er ist der Boden, auf dem wir stehen. Das ist einfach ein wahnsinniger Perspektivenwechsel. Ich musste aber lange darüber nachdenken, um zu begreifen, dass ich Gott einfach von oben nach unten tun muss, damit die Sache stimmt.

Stimmte sie vorher nicht?

Ein Grund, warum ich Theologie studiert habe, war, dass

ich Gott nie verziehen habe, dass er mir so früh den Vater genommen hat. Das war ein heftiger Vorwurf. Ich glaube, wer keine Probleme mit dem Herrgott hat, wird nie Theologie studieren. Man muss einen inneren Motor haben, der einen antreibt.

Es muss eine Art Erschütterung stattgefunden haben?
Ja, vielleicht. Man fragt sich: Warum hat Gott das organisiert? Zuerst sagte ich mir natürlich: Damit du in dieser Handwerkerfamilie zum Akademiker wirst und Theologie studierst. Das nennt sich Berufung. Die zweite Antwort war: Wen Gott liebt, den schlägt er. Ja, sollte ich mir jetzt auch noch geliebt vorkommen? (lacht) Die dritte Antwort lautete: Das ist dem überhaupt völlig egal. Die Kranken im Spital grübeln natürlich auch: Was ist der Sinn dieser Krankheit? Habe ich gesündigt oder meine Eltern, dass ich blind bin? Aber es gibt halt einfach Blinde. Das ist die Natur. Die Frage nach dem Warum ist falsch. Die richtige Frage ist: Wie gebe ich dieser Lebenssituation einen Sinn?

Sie mussten als Spitalseelsorger, als Psychotherapeut stets anderen zuhören. Können Sie auch über sich selbst reden?
Es ist sehr davon abhängig, ob ich ein echtes Interesse spüre. Es gibt Leute, die fragen «Wie geht es dir?», und ich merke sofort, dass tun sie nur pro forma. Dann sage ich: Es ist alles im grünen Bereich, aber was machst *du* jetzt? Ich lenke ab, halte ich mich sehr kurz.

Können Sie über Ihre Gefühle reden, Ihre Ängste?
Ich glaube schon. Ich habe sechs Jahre Therapie hinter mir. Da kommt man sich selbst schon auf die Spur. Man

kann über die Dinge reden, die kein Selbstlob enthalten, die die eigenen Schwachstellen aufzeigen, ohne deswegen blossgestellt zu werden. Für eine psychotherapeutische Ausbildung ist die Selbsterfahrung als Patient das A und O, auch als Spitalseelsorger. Sich mit der eigenen Bedürftigkeit befassen und das kommunizieren zu können, halte ich für eine Voraussetzung.

Sie haben sich vor über drei Jahren frühpensionieren lassen. Wie geht es Ihnen?

Super! Das war eine meiner besten Entscheidungen. Ich hatte ein tolles Berufsleben. Ich habe keinen Tag länger gearbeitet, als bis die Batterie leer war. Bis 65 hätte ich mich quälen müssen, mit 63 bin ich strahlend hinausgelaufen. Das ist ein Privileg. Und es gibt ein Leben nach der Pensionierung. Meine Tochter war gerade schwanger mit dem älteren Enkelkind, als ich ausgestiegen bin. Ich wusste: Dafür mache ich das auch. Dann habe ich mir den handwerklichen Beruf organisiert. Ausserdem kann ich beim Kochen endlich einmal aus dem Vollen schöpfen. Ich habe sehr gerne Gäste.

Wenn man noch sehr jung ist, denkt man, nach der Pensionierung komme als nächstes der Tod. Setzen Sie sich mit dem Tod auseinander?

Ja, klar. Man könnte auch sagen, dass es noch das Altersheim dazwischen gibt, mit einer Art Wartesaalatmosphäre. Man muss lernen, mit dieser Angst vor der Endlichkeit umzugehen. Ich habe keine Angst vor dem Gestorbensein, ich habe Respekt vor dem Leiden. Aber der Tod am Horizont heisst vor allem: Die Zeit wird knapper. Und alles, was knapper wird, wird wertvoller. Ich habe keine Zeit zum Vergeuden. Wenn ich denke, was ich als Junger irgendwo herumgehangen habe! Ich bin heute sehr, vielleicht ein bisschen zu sehr, ergebnisorientiert. Ich mag mich selber nicht, wenn der Fernseher läuft, und ich einfach zu müde bin, ihn auszuschalten. Ich gehe dann lieber schlafen, damit organisiere ich mich ja wieder für den nächsten Tag. Ich muss jeden Tag etwas machen, das ihn erfüllt.

Was erfüllt ihn denn?

Ich habe etwa vor etwa 25 Jahren eine Wunschliste angefangen. Ich hatte damals nämlich entdeckt, dass ich nicht sterben will, ohne dass ich einmal die «Carmina Burana» von Carl Orff gesungen habe. Das war sehr konkret. Und dann sang ein Chor im Basler Bruderholzspital, der mich sehr beeindruckte. Ich wollte nach dem Auftritt wissen, was sie gerade planten. Und sie sagten: «Ach, wir fangen gerade an, die ‹Carmina Burana› einzustudieren.» Ich darauf: «Oh, freut euch! Ihr habt einen neuen Tenor!» (lacht)

Sie singen also gut?

Singen zu lernen, das ist wie eine Reise. Wenn ein Oratorium mehrere Chorstücke hat, dann ist für mich jedes wie der Besuch einer Stadt. Wenn ich alle singen kann, dann kenne ich mich in diesem Land aus.

Verraten Sie noch etwas aus der Liste?

Das Schreinern war natürlich auch darauf. Man muss nicht die ganze Welt kennen, aber einige Orte standen da auch. Und irgendwann, denke ich, werde ich wohl noch einen guten Französischunterricht besuchen müssen.

Und was aus der Liste gibt es sonst noch einzulösen?

Im Moment ist sie relativ kurz. Ich muss sie vielleicht

wieder füllen. Solange die Liste nicht leer ist, kann ich ja auch nicht sterben, oder? Ich muss schon sagen, es macht mir Angst, wenn ich nichts mehr vorhabe.

Die Leere macht Ihnen also Angst?
Ja. Die Leere, das ist vielleicht etwas wie der Tod, oder? Leben, das ist Fülle.

Ludwig Hesse deutet auf ein weiteres Schmuckstück an der Wohn-
zimmerwand. Es ist ein Teppich aus dem iranischen Isfahan, der
den Lebensbaum darstellt. Ranken wachsen in die Höhe, Vögel
bevölkern die verschlungenen Äste. Das sei Fülle, meint er. Dann
kehrt er gedanklich zurück zu seinen Beschäftigungen.

Wenn ich nichts zu tun habe, muss ich die leere Zeit füllen. Dann muss ich mich wieder Menschen zuwenden oder ein neues Projekt angehen. Ich könnte mir zum Beispiel vorstellen in der Pfarrei Liestal am offenen Mittagstisch kochen zu helfen. Ich würde auch gerne für die Caritas bei einem Bergbauern-Projekt mitmachen.

Körperlich sind Sie also fit?
Naja, jetzt wieder. Ich habe mein Praktikum als Patient schon hinter mir, gell. Ich bin nicht ganz leidunerfahren, aber dafür umso dankbarer, dass es mir gut geht.

Was hatten Sie denn?
Ich wurde zweimal am Rücken operiert. Da lernt man Schmerzen kennen. Die bringen einen wirklich an den Rand des Suizids. Diesen Rand habe ich erlebt.

Jetzt geht es Ihnen gut?
Ja. Aber nach der zweiten Operation im Jahr 2007 habe

ich auch gelernt, dass ich an mir arbeiten muss. Ich brauche Training. Einfach im Sessel sitzen, das geht nicht. Ich bekomme die Gesundheit nicht gratis.

Haben Sie Angst vor der Gebrechlichkeit?

Ja, das finde ich nicht lustig. Aber es kommt schon auch auf die sozialen Umstände an. Eine gewisse Akzeptanz der eigenen Vergänglichkeit, der eigenen Zerbrechlichkeit, das wächst mit der Zeit. Die hat man ja nicht vornweg. Man muss es akzeptieren, wenn es eintritt.

Sie hoffen also, dass man in die Gebrechlichkeit hineinwächst?

Ja, da bin ich sicher. Das Leben ist wie eine Reise. Und jede Reise geht einmal zu Ende. Nehmen wir an, ich wäre drei Wochen auf Mallorca. Wenn ich drei tolle Wochen hatte, dann finde ich es zwar schade, dass sie zu Ende gehen und spüre eine gewisse Wehmut, aber es gibt auch ein Erfülltsein. Wenn es aber auf Mallorca drei Wochen lang geregnet hat, ich ständig Zoff hatte mit der Partnerin, noch die Magendarmgrippe und das Hotel war eine Katastrophe, dann denke ich: Und das war's? Ich muss ein Haus bewohnt haben, ich muss es geliebt haben, damit ich es loslassen kann.

Ist Ihr Leben einigermassen gradlinig verlaufen?

Ich habe sehr unterschiedliche Zeiten erlebt. Mein Leben hatte verschiedene Phasen. Eine erste hiess: Ich bin benachteiligt. Zuerst stirbt der Vater, und dann die ganze Geschichte mit dem Priesterwerden, das war auch eine ziemliche Katastrophe. Bis ich dann eines Tages bemerkt habe, wie bevorzugt ich eigentlich bin. Ich bin nicht kriminell geworden, ich hatte Obdach, ich musste nicht flüchten. Gibt es eine Generation, die glücklicher ist, als die der nach dem Krieg Geborenen? Frieden ist kein Normalzustand in der Welt. Genau wie Gesundheit kein normaler Zustand des Menschen ist. Ich habe Glück gehabt. Dies zu sehen und anzuerkennen ist für mich wie eine zweite Lebensphase.

Gehen wir noch einmal in die erste Phase zurück. Wie war Ihre Kindheit?

Ich hatte eine eher schwierige Kindheit, psychologisch müsste man sagen, eine unter dem Diktat von zwei starken Frauen: meiner Mutter und meiner Grossmutter. Ich war der älteste Mann in der Familie, und so musste ich meinem Bruder der Vater sein. Und der Druck meiner Mutter ging schon in Richtung priesterliche Karriere. Sie hat das nie klar deklariert, aber es war eindeutig. Sie war eine sehr religiöse Frau. Für sie wären es mehrere Pluspunkte im Himmel gewesen, wenn der Sohn Priester geworden wäre. Und vielleicht auch noch die Sozialversicherung, weil sie dann dem Sohn, der nie heiratet, den Haushalt hätte machen können. Wenn meine Mutter Schwierigkeiten hatte, dann zog sie den ältesten Sohn, eben mich, zu Rate. So war ich oft mit Dingen beschäftigt, die nicht unbedingt etwas für Kinder oder Jugendliche sind.

Warum ist Ihr Vater eigentlich so früh gestorben?

Er hatte sich im Krieg eine Hepatitis eingefangen und 1956 ist daraus eine Leberzirrhose geworden. Ich war sieben Jahre alt, als er starb, also fünf Jahre alt, als er krank wurde. Da fehlt einfach etwas. Ich habe dafür aber im Gegensatz zu ganz vielen anderen kein Vatertrauma (lacht). Väter, die mir nicht gepasst haben, habe ich abserviert. Ich hatte einen ornithologischen Vater, ich hatte meinen Religionslehrer. Ich hatte in der Schule neun Jahre lang denselben Mathematiklehrer. Der hat mich besser gekannt als jeder andere Mensch. Eine wunderbare Vaterfigur! Ich hatte viel von meinen Vätern. Zu meiner Kindheit gehörten Licht und Schatten. Der Tod war halt früh eine existenzielle Wirklichkeit. Wie der Vater aufgebahrt da lag ... Was war seine letzte Tat? Mein Cousin hatte die Hände voller Warzen. Und in der Leichenhalle sagte man: Halte doch deine Hände an den toten Onkel Josef.

Er wurde geheilt?
Total geheilt (lacht). Mein Vater hat alle Warzen mitgenommen.

In dem Moment?
Nein, nein, die sind später schwarz geworden und abgefallen.

Warum sind Sie nicht Priester geworden?
Also, es steckt keine Frau dahinter.

Das wäre auch nicht schlimm.
(lacht) Nein, aber der Weg in die Ehe ist ein anderer als der Weg raus aus dem Priestertum. Ich habe einige grossartige Priester kennengelernt. Aber ich habe noch mehr kennengelernt, die irgendwo auf dem Weg zerbrochen sind. Solche mit Alkoholproblemen, solche mit Sexgeschichten, solche mit psychischen Krankheiten, solche mit einem wahnsinnigen Egoismus. Und ich dachte: Ich bin doch nicht stärker als die! Will ich so enden? Das tu ich mir nicht an! Und da habe ich gemerkt, dass ich Seelsorger werden will, nicht Priester. Das ist etwas

ganz anderes. Ich suchte das Dasein für die Menschen. Ich wurde Pastoralassistent, dann Erwachsenenbildner, schliesslich noch Psychotherapeut. All diese Kenntnisse konnte ich als Spitalseelsorger und Seelsorger in der psychiatrischen Klinik sehr gut brauchen. Das war eine runde Sache.

Wieso sind Sie eigentlich in die Schweiz gekommen?
Ich bin Wirtschaftsflüchtling (lacht).

Das ist schön.
Mein Heimatbischof hat gesagt, wenn ich nicht Priester werden wolle, dann brauche er mich nicht. Ich habe nie in Deutschland gearbeitet. Der Konflikt entzündete sich daran, dass ich ein Jahr lang ein Praktikum als Seelsorger absolvieren wollte, bevor ich mich zum Priester weihen liess. Er sagte, dass mache er nicht. Und dann sah ich im Priesterseminar am Anschlagbrett: Laientheologe in Dübendorf gesucht. Dort brauchten sie dann aber keinen Anfänger, sondern einen Profi. Also bin ich nach Chur gefahren, und von dort haben sie mich nach Zürich geschickt, wo ich ein Jahr lang als Seelsorger arbeiten konnte. Danach war ich neun Jahre in Zürich-Altstetten tätig.

Ludwig Hesse lässt die Zeit in der grossen Zürcher Pfarrei Revue passieren; sieben Predigten pro Wochenende, zwei Beerdigungen in der Woche, Arbeit mit Jugendlichen, Arbeit mit Eltern. Es war ein wichtiger Abschnitt seines Lebensweges.

Nun aber zu Ihrem Buch. Es geht darin um Schuld ...
Ja, aber kleingeschrieben. Es ist keine Moraltheologie dahinter. Bin ich schuld? Das fragt sich jeder immer wieder. Nicht anders können und trotzdem nicht mit

sich selbst im Reinen sein – um diese Verflechtungen geht es. Die begegnen mir ganz häufig.

An welchem Thema krampfen Sie selbst herum, wenn es um Schuldfragen geht?

Welche Spuren hinterlasse ich im Leben meiner Töchter? Das ist natürlich ein schicksalshafter Klassiker. Es geht um die Frage: Wie akzeptiere ich, am Potenzial, aber auch an den Defiziten meiner Kinder mit schuld zu sein? Man kann diese Verantwortung nicht verleugnen. Man muss authentisch sein und sich sagen: Ich habe das Beste gegeben, nicht das Bestmögliche, sondern das Beste, wozu ich fähig war. Auch die Kirche hat immer wieder Schuldgefühle vermittelt. Wer schuldig spricht und wieder davon lösen kann, hat enorme Macht. Eine der grossen Sünden der Kirche ist die Abschaffung der Beichte. Zuerst kam die Gruppendusche der Bussfeiern, dann wurden die auch abgeschafft. Und da stehen die Leute nun ganz alleine mit ihrer Schuldigkeit vor Gott und niemand hilft ihnen. Dass man eine gemeinschaftliche Löseform von Schuld erst missbraucht und dann abschafft, das kreide ich der Kirche an. Ich habe so viele Beichten gehört im Spital. Und ich habe dann mit den Leuten um Vergebung gebetet. Da hat die Kirche etwas ganz Wichtiges verloren. Aber wie kann man etwas Missbrauchtes wieder nützlich machen?

Gehen Sie selbst beichten?

Nein. Aber ich hatte eine lange Psychotherapie. Dort bin ich mit dem konfrontiert worden, was ich mir vormache. Im Grunde ist die Psychotherapie in grossen Teilen eine Ablösung der Beichte.

Ist Gott an etwas schuld?

Das bleibt auf eine raffinierte Art offen. Nachdem in den Apfel gebissen wurde, sagt Adam die Frau sei schuld, Eva sagt, die Schlange sei schuld, die Schlange meint, das habe der Herrgott ihr aufgetragen. Ich bin der Meinung, dass der Schöpfungsvorgang nicht abgeschlossen ist. Wir sind nicht am Tag sieben, sondern am Tag sechs. Und Gott ruhte – das liegt noch vor uns. Wir sind an dem Tag, an dem der Mensch geschaffen wird. Wir entwickeln die Moral, damit die Freiheit nicht einfach zu einer Willkür verkommt. Wir sind immer noch ganz heftig am Menschwerden. Im 15. und 16. Jahrhundert hat sich die Kirche benommen wie der IS heute. Das sind offenbar Entwicklungsstufen.

Auf Schuld kann auch das Verzeihen folgen – können Sie anderen und sich selbst gut verzeihen?

Mir selbst, das ist eine schwierige Sache (lacht). Wenn mich dagegen jemand anderes um Entschuldigung bittet, und ich glaube, dass es von Herzen kommt, dann habe ich damit keine grosse Mühe. Ich muss mich deswegen aber auch nicht willkürlich übers Ohr hauen lassen. Es ist genauso wichtig sagen zu können: So nicht! Aber mir selbst verzeihen ... Es gibt die blinden Flecken, die ich nicht sehe. Und wenn ich sie dann doch entdecke, ist das wie mit dem Apfel im Paradies. Der ist gegessen. Rückgängig machen, das geht nicht. Dann muss ich mich damit auseinandersetzen. Das geht zum Teil im Gespräch mit anderen, zum Teil aber auch im Stillen, im Selbstgespräch.

Sie kauen also lange an dem Apfel herum?

Jaja. Ich habe da keine allzu leichtfertige Verdauung.

Braucht es das, um zu verstehen, warum andere lange an etwas herumkauen?

Ich finde dieses Phänomen bei vielen Menschen. Aber mit dem Verstehen bin ich vorsichtig. Zu rasch habe ich meine Erfahrungen auf andere Menschen übertragen. Ich sage eher: Ich verstehe dich nicht. Wenn du verstanden werden willst, dann musst du es mir erklären. Ich gehe immer von der Prämisse des Nichtverstehens aus. Ich sage nicht: Ah, du musst gar nichts mehr sagen! Ich kenne das! Aber klar, wenn ich Rückenschmerzen kenne, kann ich Verständnis haben für Schulterschmerzen, Kopfschmerzen, Phantomschmerzen. Wenn ich einmal erlebt habe, wie das ist, wenn man sich nicht mehr konzentrieren kann, weil man ständig nur Schmerzen hat, dann kann ich das bei anderen auch nachvollziehen. Leute, die nur das Gelingen im Leben kennen, sind nicht geeignet für den Umgang mit Menschen in der Krise.

Gibt es überhaupt Menschen, die nur das Gelingen kennen?

Es gibt Menschen, die nur das Gelingen in ihrem Leben sehen möchten. Sie sollen sich ruhig selbst feiern in ihrem wunderbar gelungenen Leben! Ob Gott da vorkommt oder nicht, ist auch völlig wurst. Die einen brauchen ihn halt um zu sagen: Ja, mir geht's gut. Ich kenne schliesslich Gott. Vitamin B. Das ist doch Habasch! Erst im Misslingen zeigt sich die wahre Spiritualität.

Ludwig Hesse ereifert sich. Er erzählt das Gleichnis von den törichten und den klugen Jungfrauen, die mit Lampen auf den Bräutigam warten sollen, um mit ihm in den Festsaal einziehen zu können. Den törichten geht schnell das Licht aus, weil sie das Öl nicht vernünftig einteilen. Also wollen sie sich neues Öl besorgen

gehen, auch weil die klugen ihnen nichts von ihrem abgeben. Der
Bräutigam kommt zurück, die törichten Jungfrauen sind nicht da,
und er zieht nur mit den klugen weiter.

Das ist eine ziemlich gemeine Geschichte.
Mein Platz ist ganz bestimmt nicht im Festsaal. Ich küm-
mere mich um die Zurückgebliebenen. Ein Himmel, in
dem nur die Klugen und Braven Platz haben, der kann
mir gestohlen bleiben.

**Haben Sie je selbst eine tiefe Sinnkrise in Ihrem Leben
gehabt?**
Es macht nicht immer gleich viel Spass zu leben, aber ich
habe mir das Leben ja nicht selbst ausgesucht. Ich habe es
immer als Auftrag aufgefasst. Es wird sich wohl jemand
etwas überlegt haben, als er mich in dieses Leben geschickt
hat. Also mach was daraus! Es ist aber nicht meine Verantwortung, dass es mich gibt. Ich habe mich mir nicht ausgesucht. Ich hätte mich vielleicht etwas anders gemacht.

Wie hätten Sie sich denn anders gemacht?
Ich hätte mir sicher einen robusteren Körper zugelegt.
Und es gibt immer wieder Momente, in denen Neid auf-
scheint. Wenn ein Kollege, der eine wissenschaftliche
Koryphäe ist und in seiner Freizeit Orchesterdirigent,
auch noch vier Söhne hat, dann denke ich: Was backst
du eigentlich für kleine Brötchen? (lacht) Dann muss ich
mich wieder mit mir anfreunden und mir sagen: Die
Frage ist nicht, wie gross die Brötchen sind, sondern ob
sie schmecken.

Aber Sie singen auch in einem Chor, sie schreinern ...
Ja, ich tue etwas. Ich bin auch nicht unstolz darauf, dass

ich einiges auf die Reihe bringe, das mir Freude macht. Ich arbeite daran, mich nicht ständig mit anderen Menschen zu vergleichen zu müssen. Ich glaube, die Ursünde des Menschen ist das Vergleichen. Die Schlange sagte: Iss von dieser Frucht, und du wirst sein wie Gott. Dieses Wörtchen «wie» ist der Trick, die Verführung zum Vergleichen. Und ich ertappe mich häufig, dass ich darauf hereinfalle. Dann sage ich mir: Hör auf damit, das macht nur unzufrieden. Leben ist Lernen und Wachsen – und das möchte ich bis zum Schluss.

Edeltraud Abel, «Die leeren Hände»

EDELTRAUD ABEL – DER MENSCH IM MITTELPUNKT

Ludwig Hesse

Geschichtsschreibung, insbesondere auch die Kunstgeschichte, versucht meistens, Menschen und Vorgänge möglichst objektiv darzustellen. Gesichtspunkte, die durch persönliche Begegnung entstanden sind, sind nur dann von Belang, wenn sie die Welt verändert haben. Das ist mir nicht möglich, ganz besonders nicht bei einem Menschen wie Edeltraud Abel, der ich seit 35 Jahren verbunden bin. Sie hat nicht die Welt verändert, aber mich.

Ganz unerwartet wurde für mich der 17. Juni 1981 zu einem Glückstag obwohl er unter einem völlig anderen Vorzeichen begonnen hatte: Ich war Pastoralassistent in der Pfarrei Heilig Kreuz in Zürich-Altstetten und sollte die nächste Abdankung übernehmen. Ein gewisser Josef Abel, Schulzahnarzt in Zürich, war verstorben. Ich machte also meinen Vorbereitungsbesuch bei seiner Gattin Edeltraud. Sie war traurig, zugleich aber auch sehr gefasst: «Josef musste nun eine andere Strasse gehen», meinte sie. Ich wusste noch nicht, was dieser merkwürdige Satz bedeuten sollte. Die Wohnung war klein, bescheiden. Aber sie war voll mit Büchern, Schallplatten und vor allem: Die Wände waren bedeckt mit Bildern.

Die Beerdigung verlief ruhig, trotz der vielen trauernden Menschen. Ich war soweit zufrieden. Aber selten war ich so gespannt darauf, wie der Trauerbesuch verlaufen würde, für den ich mich etwa zwei Wochen nach der Beerdigung angemeldet hatte. Edeltraud Abel öffnete mir ihre nachdenkliche, heitere, traurige, starke und doch so zerbrechliche Welt, die in ihren Bildern Ausdruck fand.

Entstanden ist eine Freundschaft vom Tod Josef Abels bis zum Tod von Edeltraud Abel-Waldheuer am 4. Januar 1994. Und darüber hinaus fühle ich mich ihr verbunden durch die Klarheit und Ehrlichkeit ihrer Gedanken und ihrer Bilder. Was sie mir am Tag unseres Kennenlernens von ihrem Mann sagte, das stand auf der Danksagung nach ihrer eigenen Beerdigung unter einem Bild von ihr: «Eine Strasse muss ich gehen, die noch keiner ging zurück». Im Bild geht ein Mensch in die Weite, sein Weg führt in die aufgehende oder untergehende Sonne, der Betrachter muss dies wohl selbst entscheiden. Er geht jedenfalls dem Licht entgegen.

Überhaupt muss der Betrachter ihrer Bilder meistens selbst aktiv werden. Denn Edeltraud Abel gibt keine vorschnellen Antworten. Aber sie stellt Fragen, und sie stellt sie so, dass sie einem Menschen unter die Haut gehen können. Und dann kannst du nicht ausweichen! Entweder du wendest dich ab, weil du lieber dekorative schöne Kunst suchst, oder du trittst in eine Kommunikation ein. Die Bilder von Edeltraud Abel sind deshalb anspruchsvoll, weil sie den Dialog suchen und Antwort erwarten. Sie hängen niemals an der Wand und schmücken die Wohnung. Sie sprechen dich an, fragen dich an, stellen dich auch selbst in Frage, wenn's nötig ist. Diese Bilder suchen den Betrachter, und damit werden sie zum künstlerischen Programm, das Edeltraud Abel selbst einmal beschrieb: «Ich werde nie aufhören, den Menschen zu suchen.»

Ihr äusserer Lebenslauf ist rasch berichtet. Geboren wurde sie 1924 als Edeltraud Waldheuer in Königsberg (damals Ostpreussen). Ihre zeichnerische Begabung wurde rasch erkannt, sodass sie als 18-Jährige das Studium an der Kunstakademie in Königsberg beginnen konnte. Der Krieg beendete ihre Ausbildung, als Flakhelferin wurde sie für kurze Zeit eingezogen, dann gelang ihr im Januar 1945 die Flucht auf einem Lazarettschiff über die Ostsee. Dieser gefahrenreiche Abschied hat Spuren hinterlassen in ihrem Leben, überhaupt der Krieg. Zuerst nahm das Überleben im Westen ihre ganze Kraft in Anspruch, dann verdiente sie ihren Lebensunterhalt als Zeichenlehrerin am Mädchengymnasium in Hildesheim. Sie lernte Josef Abel kennen, den sie 1959 heiratete, so kam sie nach Zürich, wo sie sich ganz ihrem künstlerischen Werk widmen konnte. Erst hier war ihre Flucht definitiv beendet. Das ist alles, sie wollte nicht, dass über sie mehr gesagt wird. Sie hatte ihr Atelier, in dem sie sehr produktiv war, den Dialog mit ihrem Mann, aus dem sie viel Inspiration bezog. Sie scheute Öffentlichkeit und Bekanntheit, pflegte dafür einen grossen persönlichen Freundeskreis. Sie stellte ihre Person stets bescheiden hinter ihr Werk. Dieses wurde in einigen bedeutenden Ausstellungen vorgestellt.

Wer gelernt hat, dass das wunderbare, kostbare Leben im nächsten Moment keinen Cent mehr Wert sein kann, der ist aus jeder Selbstverständlichkeit heraus- in die Ungesichertheit hineingefallen. Für Edeltraud Abel sind die Infragestellungen immer verbunden mit ihrer Achtung der Würde des zerbrechlichen Menschen, niemals mit Zynismus. Abgründigkeit und Sehnsucht, die Suche des Menschen nach sich selbst, der unsichere Grund, auf dem wir uns bewegen, der Blick in den Spiegel – das sind wiederkehrende Motive in ihren Bildern.

Die Erfahrungen des Krieges, aber auch die Begegnung mit der russischen Kultur, die tiefe Solidarität mit dem jüdischen Volk und die biblische Botschaft blieben zeitlebens Quellen der Inspiration und Auseinandersetzung für Edeltraud Abel. Hunderte von Bildern und Zeichnungen befassen sich mit den chassidischen Geschichten, die Martin Buber aufgezeichnet hat, den Legenden von Leo Tolstoi, den Liedern von Franz Schubert. Und natürlich mit biblischen Themen, die aber nie illustrieren wollen, sondern stets kritisch bearbeitet sind.

Mir ist aufgefallen, dass ich von Edeltraud Abel kein einziges Selbstporträt kenne. Es gibt mehrere Bilder, auf denen eine Person vor dem Spiegel sitzt. Sicher meint sie damit auch und sogar in erster Linie sich selbst. Aber sie tut dies in Gestalt von Männern, um jeder Gefahr der Selbstbewunderung aus dem Wege zu gehen. Die kritische Selbstprüfung ist ihr Dauerthema. Sie verstand sich dabei als Werkzeug Gottes und war bei aller Selbsthinterfragung niemals ohne das Gefühl des Geborgenseins in Gott.

Vielleicht gibt es ja doch ein Selbstporträt! «Ich höre das Licht», das Titelbild dieses Buches, ist ein Höhepunkt ihres Schaffens, ein Bekenntnis und dennoch ein Geheimnis. Aus dem Grün des Lebens wächst ein Mensch empor, der seinen Kopf ins Licht hält. Die Hellhörige wirkt wie unterbrochen im Tätigsein. Die Geschäfte des Alltags sind für einen Moment vergessen. Mit weit geöffneten Augen und grossem Ohr, durch die hingehaltene Hand noch verstärkt, ist dieses Gesicht ganz Hinwendung.

Das Bild erinnert in Thematik und Komposition an ein anderes Werk von Edeltraud Abel, das sie «Der Ruf» genannt hat (siehe Seite 128). Da ist es Petrus, der auf ähnliche Weise in seiner gewohnten Tätigkeit unterbrochen und herausgerufen wird. Die Hände noch mit dem Fischernetz beschäftigt ist seine Aufmerksamkeit ganz in die unbekannte Leere gerichtet. Dieses Bild ist in der letzten Schaffensperiode von Edeltraud Abel entstanden, in der sie vielleicht schon so etwas wie einen Ruf aus der anderen Welt vernommen hatte, vermittelt durch den Tod, der seine Hand nach ihr ausstreckte. Der Tod war oft Thema der Arbeit von Edeltraud Abel, aber er hatte nie das letzte Wort. Er wurde zur Verheissung einer Verwandlung, zu einem Übergang ins Licht.

Diese Frau verstand etwas von der menschlichen Seele, von Schönheit und Abgründigkeit, und ich habe viel von ihr gelernt, ohne dass sie gross über diese Themen gesprochen hat. Sie hat sie gemalt, das war ihre Sprache. Sie verstand es, der Unsicherheit des Lebens Ausdruck zu verleihen, zugleich aber auch das Verlässliche zu betonen: das gegenseitige Erkennen beim Blick in die Augen, die Brücke der Versöhnung über den Abgrund der Schuld, die engagierte Hilfe in Notlagen. Eigentlich hat sie immer in Gegensätzen gemalt, etwa wenn die Grausamkeit des Krieges nicht ohne das Gegengewicht der Liebe ins Bild gesetzt wurde.

Edeltraud Abel war eine vielseitige Malerin. Sie hat viele Werke in Öl geschaffen, viele mit Gouache-Farben, die meisten Motive aber sind in einer speziellen Technik erhalten, als Monotypie. Hierzu färbte sie eine Platte mit Druckfarbe ein und legte das Papier darauf. Dann zeichnete sie mit verschiedenen Stiften, aber auch mit den Fingern auf die Rückseite, sodass das Blatt auf der Vorderseite je nach Andruck mehr oder weniger Farbe annahm. Monotypien sind darum Unikate.

Auch wenn Edeltraud Abel etliche abstrakte Bilder hinterlassen hat – das Zusammenspiel der Farben und Formen hatte auch für sie einen Eigenwert – : Der weitaus grösste Teil ihres Werkes ist figurativ. Neben der umfangreichen Auseinandersetzung mit Themen hat sie eine Reihe bedeutender Porträts geschaffen, etwa von Martin Buber oder Katja Mann. Bei ihrer Suche nach dem Wesen des Menschen war sie stets angezogen von den bewundernswerten Möglichkeiten.

Ihr Werk kennzeichnet eine gewisse Selbstvergessenheit. Edeltraud Abel nahm sich nicht sehr wichtig. Bei aller Sensibilität war ihr Blick nach aussen gerichtet. Ihre Wachheit für andere Menschen und ihr Verzicht auf Introspektion war mehr als Bescheidenheit, es war Hingabe. Sie selbst hätte es nie gewagt, das so zu sagen, aber es stimmt. Edeltraud Abel liebte den Menschen in seiner Schwäche und Stärke. Und so sind viele ihrer Bilder durchzogen von einer Zärtlichkeit selbst dort, wo Versagen, Hilflosigkeit und Erschrecken dargestellt sind.

1993 wurde ein Hirntumor bei ihr festgestellt. Alle um sie herum erschraken, sie selbst nicht. Sie war eine reife Frau geworden, dankbar für alle Höhen und Tiefen, die sie erlebt hatte. Der Tod war immer ein Thema in ihrer malerischen Auseinandersetzung mit dem Leben gewesen. Einmal tanzt er mit einem jungen Mädchen, ein andermal steht er nachdenklich am Grab eines Soldaten. Er gehört zum Leben. Aber er ist nicht das Ende, denn der Sterbende wird verwandelt in Licht. Edeltraud Abel war keine Theologin, und mit theologischen Begriffen konnte sie nicht umgehen. Aber genau das war ihre Chance: Sie erfand für das Leben und den Glauben eigene Bilder, die uns auch nach ihrem Abschied unmittelbar ansprechen können. Und genau das wird zu unserer Chance. Über ihre Bilder können wir mit ihr ins Gespräch kommen, und durch dieses Gespräch landen wir mit ihr in der Liebe zum Menschen.

Am 4. Januar 1994 starb Edeltraud Abel. Ich habe sie beerdigt und mit vielen Menschen um sie getrauert. Aber sie ist nicht tot, sie schaut mich an aus ihren Bildern.

Edeltraud Abel, «Ich höre das Licht»

TEXTNACHWEIS

Die Texte wurden bis auf eine Ausnahme für die Zeitschrift
«Sonntag»/«Doppelpunkt» verfasst und dort veröffentlicht:

Wer bin ich und warum? in: Heft 52/2009

Was verleiht meinem Dasein Wert? in: Heft 45/2011

Das Leben ist eine ernste Sache, in: Heft 13/2012

Wer aber hat mich denn nun erschaffen? in: Heft 31/2012

Ich habe mich nicht selbst gemacht! in: Heft 46/2013

Wie erkenne ich den Willen Gottes? in: Heft 20/2009

Der Mensch denkt, und Gott – lenkt ihn zu sich selbst, in:
Heft 07/2013

Jeder Mensch ist ein Gewordener, mit Wegen und Umwegen,
in: Heft 02/2015

Ernten auf dürrem Feld? in: Heft 38/2010

Weinende Aussaat – jubelnde Ernte, in: Heft 43/2010

Menschennot ist keine Strafe Gottes, in: Heft 39/2013

Christus – unser Vorbild in der Einsamkeit und in der Angst,
in: Heft 13/2011

Ich halte aus, weil ich gehalten bin, in: Heft 05/2012

Wie gehe ich um mit meiner Schuld? in: Heft 13/2009

Und führe uns nicht in Versuchung, in: Heft 39/2009

Leben wir im Alter auf Kosten unserer Kinder? in: Heft 25/2012

Neue Liebe ohne Schuldgefühle, in: Heft 14/2014

Hilfe, mein Mann liebt einen Mann! in: Heft 38/2011

Das Gewissen ist kein Entscheidungsautomat, in: Heft 20/2014

Schuldgefühle sind wie Unkraut, in: Heft 27/2014

Weitergereichte Lasten wiegen schwer, in: Heft 34/2014

Die eigene Schuld tragen oder sie anderen in die Schuhe schieben, in: Heft 41/2014

Von den geheimen Schubladen in der Seele, in: Heft 47/2014

Anna Selbviert und die Erbsünde, unpubliziert

«Den Ruf des Lebens hören und ihm folgen», in: Heft 11/2015